未来を創る地球倫理

いのちの輝き・こころの世紀へ

Towards a new Global Ethics

服部英二

Hattori Eiji

公益財団法人モラロジー研究所

はじめに

今、世界的に「地球倫理」(Global Ethics)という考え方が急浮上しています。地球と人類の未来が脅かされている現実があるからです。この考え方は、人間と自然を切り離した近代以来の人間観と、それが創《つく》り出した「文明」に問題がなかったのかを問い、地球環境問題の底には究極的に倫理の問題がある、とするものです。「不都合な真実」でノーベル賞を受賞したアル・ゴア氏も「環境問題は畢竟《ひっきょう》するにモラルの問題である」と述べています。

今年(二〇一三年)三月、イタリアのルッカとフィレンツェで開かれた世界ユネスコクラブ連盟の会議に招待された私は、「地球倫理とユネスコ」と題する基調講演で次のように述べました。

「人類は母なる大地を殺すのであろうか。もし、仮に母なる大地の子である人類が母を殺すなら、それ以後生き残ることはないであろう」とアーノルド・トインビーは述べています。

　人類生誕以来の六百万年の悠揚たる時間から見ると、その二万分の一という瞬間にも等しい時間帯に、科学革命が起こり、人と自然が分離されました。およそデカルトによる「人は自然の主であり所有者である」という自然認識こそが、産業革命を惹起《じゃっき》したものですが、このときから人々の関心は急激に「存在」から「所有」に移ったことに注目せねばなりません。以来、地球という水の惑星がはぐくんできた巨大な生命系の中に位置する人類は、他のすべてを支配の対象とし、母なる地球を、そしてその母が生み出した生きとし生けるものを、自らの「進歩」という名のもとに簒奪《さんだつ》してきたのです。

　今日、国連機関をはじめとする国際世論喚起の数々の試みにもかかわらず、地球環境は破壊され続け、日々、百の生物種が地上から姿を消し、近い将来、二十億の人々が飲み水にも事欠く事態が予想されます。

　しかしながら、明日を思わず、今日の利益を追求し続ける市場原理主義は、未来世代に思いを致すことがありません。限りない欲望の追求が「自由」の旗印のもとに推し進められているのです。それはあくなき所有の拡大であり、人間の内的成長とは無関係なのです。この市場原理主義こそが覇権主義の正体であり、この覇権主義を終焉《しゅうえん》させることこそが、人類の明日の共生を可能にする条件であります。

われわれが知るべきは、地球の砂漠化は人間の心の砂漠化から招来した、ということです。地球システムを救うには、今こそ新しい倫理が問われなくてはなりません。すなわちパラダイムの転換が必須であるとわれわれは確信します。古いパラダイムである「所有の文化」から新しい「存在の文化」への転換です。その新しい地球倫理の探究のためには、近代の戦争の文化を生み出した理性至上主義、すなわち「父性原理」の徹底的な批判、すべての文明の深奥《しんおう》に通底《つうてい》する「母性原理」の見直しが行われなければならないとわれわれは信じます。「力の文明」から「生命の文明」への転換であります。「戦争の文化」から「平和の文化」への移行であります。

世界の現状は、カントやユーゴーの夢見た「世界連邦」の成立には程遠いと言わねばなりません。しかし「地球市民」の意識の涵養《かんよう》は可能であります。なぜならば、ミシェル・セールが奇しくも見てとったように、人間に切り裂かれた自然が、無言のうちに、人間に立ち向かって再結集し始めているとすれば、この状況こそが全人類への挑戦（challenge）であり、それへの応答（response）が地上の全民族に求められているからです。

ユネスコ（UNESCO／United Nations Educational, Scientific and Cultural Organization＝国連教育科学文化機関）は一九四五年、ロンドンで開かれた設立総会での「戦争は人の心の中に生まれるものであるから、人の心の中にこそ平和の砦《とりで》を築かねばならぬ」との深い反省から創設されました。このとき採択されたユネスコ憲章には、さらに「政府間の政治的・経済的取り決めのみに基づく平和は、世界のあらゆる人民の、一致した、永続する、真摯《しんし》な支持を確保できる平和ではない。よって平和は、それが失われないためには、人類の知的・精神的連帯の上に築かれなければならない」と明記されているのです。

世界ユネスコクラブ連盟は、一九八一年、この精神をよみがえらせるために創設されたのです。今やすべてのユネスコクラブは、人類の維持可能性と生存のために、すべての民族の意識を「地球倫理」へと覚醒《かくせい》させる義務を負っています。

二〇一一年三月十一日、私の祖国日本は、マグニチュード九の地震とそれに伴う巨大津波による恐るべき災害を経験しました。それはフクシマの原発を破壊し、一万五千人以上の人命を奪いました。三十万人の人々はいまだ故郷に帰れないままです。

この大災害は重要な真理を明らかにしてくれました。それは人間が自然に対しもっと謙虚であるべきだということ、そして人類が直面する危機は、経済・金融の危機というより、もっと根本的な危機、すなわち文明そのものの危機である、ということです。

日本の地球システム・倫理学会は、その年の四月十一日、「緊急声明」を発表し、人類文明の価値の転換を訴えました。それは父性原理から母性原理への転換、理性による自然の征服――それは人間の抽象化にほかなりません――から、ホリスティック（全人的）なアプローチへの転換です。それが戦争の文化から平和の文化への転換、和の文明への転換の必要条件であり、この考えに基づき、われわれは地球倫理のための国際デーの創設を訴えたのです。この声明は世界中の識者からの熱烈な賛同を呼び、やがて九か国語に翻訳されることになりました。

フクシマの悲劇からちょうど一年目の三月十一日、われわれは第二声明を発信し、三・一一を「地球倫理の日」にすることを訴えました。ここにその一節を引用します。

「放射能汚染を許すあらゆる行為は、計り知れない害悪を半永久的に人類と地球に残すものであり、一九九七年のユネスコ総会において、現存世代には未来世代が享受すべき美しい地球を残す責任があると、全世界が一致して採択した「未来世代に対する現存世代の責任宣言」に対する背信行為であると知るべきです」

私の願いは、ヒューマニズムとルネサンスの揺籃《ようらん》の地であるこの歴史的な都市からの私たちのこのアピールが、人類の運命を案ずるすべての人々に届くことです。（以下省略）

世界ユネスコクラブ連盟は、この日、この講演を引き継ぎ「三・一一を地球倫理の日に」という宣言を満場一致で採択しました。また、二〇一四年三月十一日にはワシントンでさらに大きな国際会議を開くことも決定されました。

思えばすでに一世紀も前、総合人間学モラロジーの創建者・廣池千九郎《ひろいけちくろう》（法学博士、一八六六〜一九三八）は、すべての人間の生活が相互依存（Interdependence）によって成り立っていること、宇宙が万有相関（Interconnectedness）の相を持つことを看取し、天地の理法にモラルの基を置きました。その目指したものは全世界の平和・安心・幸福でした。それはユネスコの理念に近いものです。

この本は、私がこの数年間にこのテーマをめぐって各地で行った講演を中心にまとめたものです。各章の末尾には、雑誌『道経塾』および『れいろう』（モラロジー研究所刊）に掲載したエッセイを挿入しました。人類の未来を案じる読者の皆様に、いささかでもお役に立てればこの上ない幸いです。

未来を創る地球倫理――いのちの輝き・こころの世紀へ◆目次

第七章　科学知から総合知へ――人類生存の課題　197

装幀　加藤光太郎デザイン事務所

第一章　言葉のいのち——国際言語年にあたって

＊本稿は、二〇〇八年十月十二日、和歌山県民文化会館において行われた第九十五回日本エスペラント大会公開シンポジウム「国際言語年から考える言語の多様性と対話の文化」（主催＝財団法人日本エスペラント学会）における基調講演に基づくものです。

〈初出誌＝「第九十五回日本エスペラント大会公開シンポジウム報告集」〉

今日は万葉の里、ここ和歌山で、言語という非常に重要な問題について皆さんと一緒に考える機会を得たことを、うれしく思っております。

先ほど、和歌山県教育委員会の委員長のご挨拶の中で、アイヌ民族の萱野茂《かやのしげる》さんのお話がありましたが、「言語こそは民族の魂である」というのはまったく同感です。

今、世界中で金融恐慌が起こっています。アメリカのサブプライムに始まって、一瞬にして世界中が恐慌に陥った。アメリカがくしゃみをすれば、日本が風邪をひくと言われていましたが、アメリカがくしゃみをしたおかげで、今、世界中が風邪をひいているのです。こういう状況は、まさしくグローバリゼーションの象徴だと思いますが、このグローバリゼーションのおかげで、民族の魂と言われる言語がどんどん消え去っていっている現状があるわけです。

そこで、皆さんと一緒にこの言語の問題を考えるために、「文化の多様性」という、今、ユネスコで中心的な課題となっている概念を取り出して、お話ししていきたいと思います。

多様性こそが人類の文化遺産

レヴィ＝ストロースという偉大な文化人類学者がフランスにいます。すでに百歳に近い方です。この人が、二〇〇五年に九十八歳になろうとしていたときに、ユネスコ六十周年記念式典で講演しました。私もその場で実際に聞きましたが、その全文を入手して、フランス語で述べられたものを日本語で紹介しています（麗澤大学『比較文明研究』第十二号、二〇〇七年）。その証言で非常に有用なのは、「遺伝子コードと話し言葉の間に構造的類似性がある」「文化の多様性と生物多様性は、ただ単に同類の現象であるのではなく、有機的に結ばれているのだ」ということです。

そこで「文化の多様性に関する世界宣言」を見てみたいと思います。これは、ユネスコの総会において二〇〇一年に採択されたものですが、ある人は世界人権宣言に次ぐ重要な宣言だと言っています。ここでの基本は「自然界に生物多様性が不可欠なのと同様、人類の生存には文化の多様性が不可欠である」という、第一条に置かれた文言にあります。そこから「多様性こそが人類の世界遺産である」との認識が生まれてきたわけです。

言葉は「音」である

もう一つ、私が引きたいのはイランのハタミ前大統領の言葉です。彼は優れた学者でもありますが、二〇〇六年にユネスコで大きなシンポジウムを開いたとき、こういうことを言っています。「風雨等の自然界の音と物理的には違わない人間の声が意味を持つのは、そこに存在論的、認識論的、歴史的なすべてが凝縮されているからだ」。これは、私が非常に注目した言葉です。

そういうことを考えると、「言霊《ことだま》のさきはう国」という日本的な表現が、重要度を増してきます。ある大臣は「日本は単一民族だ」と言って辞職に追い込まれましたが、古来、日本は多民族国家であったわけです。柳田国男が述べている海の道、南から来た海洋の民族。シベリアから来た北方の民族。中国大陸から来た農耕民族。それから後に大和《やまと》朝廷をつくる、半島経由の民族。いろいろなものが集まってできてきたのが日本ですが、その日本がいつしか、大臣が単一民族だと言ってしまうような一つの統一体になっていく。その中心に位置するのが大和言葉である、と私は思っています。

このことは『出会いの風景』（麗澤大学出版会）という本に、少し詳しく書きました。「言葉」と言いますが、これは「ことの葉」です。「ことわり」、すなわち理性ではなしに、パトス（心情・感性）、あるいはエートス（生き方）の直裁的な表現である「ことの葉」なのです。

日本語、大和言葉が非常に澄明な言葉であるということは、私も世界中を回って、感ずることです。清明心に至る日本人の心情の奥底にあるものが、言葉からできているということは、すでに四十年前、哲学者の森有正が、パリの日本大使館における「日本人とは何か」という講演において明言しています。ずばり「日本人とは日本語を話す人間のことだ。それ以外の定義はない」と彼は言ったのです。このことをもっと詳しく言うならば、単に日本語を話すのではなしに、日本語で物事を考えている人間、と私は理解しています。

そこで、先ほどの「ことの葉」に返りますが、皆さんのお国、和歌山の出身である博物学者の南方熊楠《みなかたくまぐす》は、「もの」というものがある、そして「こころ」というものがある、それが交わるところが「こと」であるということを、図に書いています（左図）。このことが重要です。その「こと」が表れてくるのが「ことの葉」、つまり言葉であると言えるのではないかと思うのです。

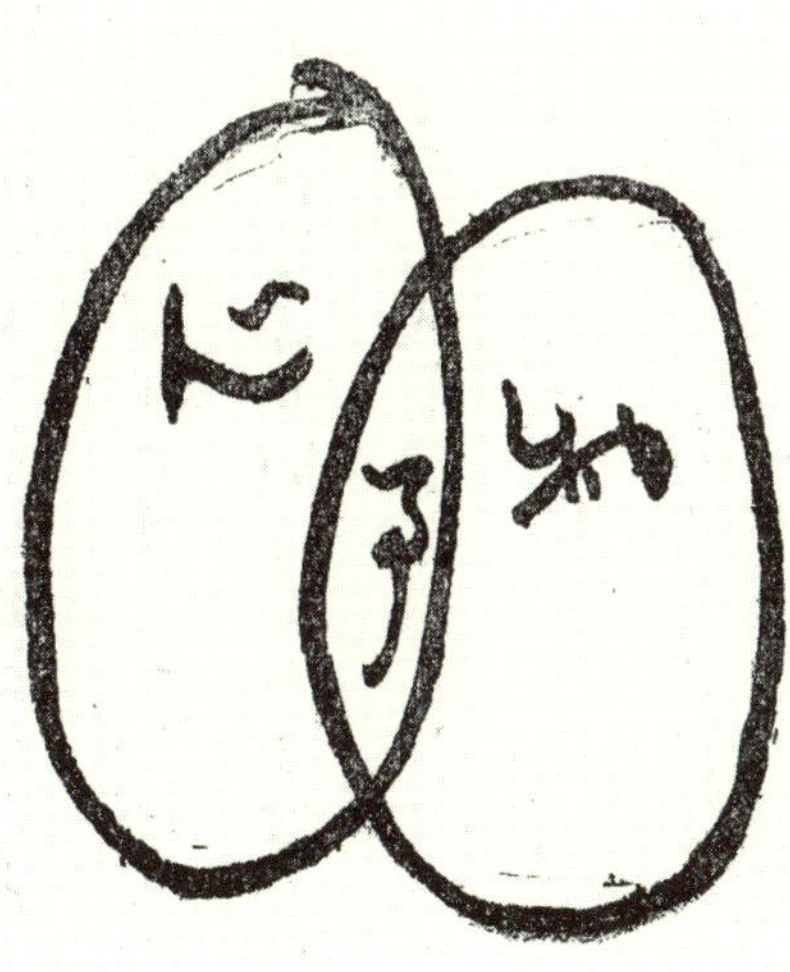

惜しくも亡くなられましたが、私が非常に尊敬している鶴見和子先生（上智大学名誉教授）との対談を、『「対話」の文化』（藤原書店）として出版しています。この対談の中で、熊楠のこと、大和言葉の響きということは、非常に大きな比重を占めています。

鶴見和子さんは一九九五年の十二月に倒れて、半身不随になりました。ところが、もうお年からいって再起不能ではないかとみんなが思ったその人が、ここから生き返って、それまでに書いた数を上回る本を出されるのです。それがなぜ可能だったのか。――アメリカで勉強し、英語を自由に操る国際人であった鶴見和子さんが倒れて後、生き返ってくる「回生」のいのちの泉になったものは、実は和歌であったのです。

これはすばらしいことだと思います。あれだけの国際人であり、英語と日本語を同じように話される鶴見さんの中で、幼き日の大和言葉の響きがよみがえり、生命を「輝きある生命」として復活させたのです。私は本当に感動を覚えます。

そこで私が申し上げたいのが、言葉は「音」であるということです。決して文字とか書き物ではなくて、言葉はまず音、すなわち響きであるのです。宮中の歌会始《うたかいはじめ》のときに、朗々と詩を朗読しますね。あの響きが大切なのです。

それで思い出すのが、やはり私が回って参りましたイスラム諸国です。そこでは、すべての会議がコーランの詠唱で始まります。それを聞いていますと、コーランもまた、詠唱するものであって読むものではない、という感を深くします。コーランの詠唱は、日本の声明《しょうみょう》のように深い響きを持っています。私はアラビア語はよくわかりませんが、朗々として、本当に美しいものです。日本の和歌も、歌会始の儀にありますように、あの朗詠なくしてはあり得ません。

さて、ここは万葉の里ですが、『万葉集』は非常に特異な歌集です。庶民や防人《さきもり》の歌があるかと思えば、その中にぱっと天皇の歌が入っている。天皇の歌が庶民の歌に混じって出版されている本というのは、世界でも唯一ではないかと思います。

そこで、天皇がなぜ歌を詠むか、という問題です。天皇の機能とは祈りです。平和を祈ること、稲魂《いなだま》に祈ることなど、いろいろあります。しかしそれと同時に、天皇自身に歌人としての務めがあるのです。『万葉集』の中で、天皇が恋の歌を歌うのはなぜかというと、人間の愛と豊穣《ほうじょう》という観念が結び付いているからなのです。

こういうものが平安の時代の女性文学にも受け継がれて、音であるからこそ、かな文字、すなわち表音文字で書くということが起こってきます。そこで、日本では男性の文学に先んじて、女性文学が十一世紀に確立し、その後の日本語をつくっていくわけです。今年（二〇〇八年）は『源氏物語』が出てから一千年という年を祝っているわけですが、その紫式部の書いた『源氏物語』のいかなる章をとっても、非常に美しい旋律を持っていることに気づきます。つまり、紫式部もまた詩人であったのです。

言語教育は「民族の魂」を学ぶ道

ところが日本の言語教育というものは、言葉の本質である「音」を忘れた。ここに教育界にとっての大きな問題があります。

振り返ってみますと、人類はアフリカの東側に生まれてから六百万年間、音のみで生活してきました。文字がメソポタミアに現れるのが五千年前です。では文法はどうかというと、ヨーロッパに文法が現れたのがたったの百五十年前、近代のほんの一瞬のことです。それも音を変えずに、音の順序を解説したのです。

では、日本では皆が六年間も英語教育を受けているのに、なぜ英語を話せないのでしょうか。これは世界の七不思議の一つです。六年間と言えば一つの言葉をマスターしている年限ですから、日本は「English-speaking country」（英語を話す国）だと思われていますよ。ところが、それが全然できていないのはなぜか。それに対する回答を探った私は、原因は漢文にある、という結論に至りました。

日本では江戸時代に漢文が確立し、中国語の原典を返り点をつけて日本語で読むことが可能になりました。寺子屋では、例えば『論語』を朗々と素読するわけですが、中国の思想家である孔子の『論語』を読みながら、中国語をいっさい習っていないのです。漢文とは、日本の音で読んでいるのですから、完全な日本語です。この「音」に着目しなければいけません。その癖がついたためだ、と私は理解しています。

中国語を学ばずして、四書五経を日本語で読めるようになってしまった日本人は、英語やドイツ語やフランス語が入ってきたときに、それと同じことをしました。横文字で読みながら、心の中では返り点を打っている。「I am a student」と言ったら、「である」という「am」まで返り点で読んでいるのです。これで「読む」ということは一応マスターしました。しかし「音」には返り点がありません。川の流れのように、ずっと続いていきます。だから英語ができないのです。漢文が成功していなかったら、日本人もおそらくほかの国と同じように、英語でもドイツ語でもフランス語でもイタリア語でも、話せるようになっていたのではないかと思います。

では、話せるようになると書くほうは駄目になるかというと、そうではありません。今年（二〇〇八年）、芥川賞を受賞した作家の楊逸《ヤンイー》さんは、なぜ中国の人が芥川賞をとるようなすばらしい文章を書けるのか、という問いに対して、「ただひたすらに話すると自然に書けるようになる」と答えています。

教育の問題に入りましたので、フンボルトの言葉も引いておきます。「言語学は人間そのものの学である」「一民族の魂を学ぶ道である」という、萱野さんのおっしゃったのと同じことを、まさしくドイツのフンボルトも言っているわけです。

そこで注意したいのですが、「砂」を表す言葉は日本語では砂だけですが、砂漠に住んでいるアラブ人には、「砂」を表す言葉が十以上あります。イヌイットには、「氷」を表す言葉が四十あります。また、北アフリカのトワレグ族の言葉では、ナツメ椰子《やし》に関する言葉が二百あります。ナツメ椰子の木が、今どういう状態にあるというところから始まって、収穫直前や収穫のとき、実が落ちてから干したもの、などなど。それらが全部違った言葉になっているのだと聞きました。

ここで日本の「魚」に関する言葉について考えてみましょう。英語でもフランス語でも、「マグロのトロ」なんて言っても「トロとはなんだ」と聞かれ、非常に難しい説明をしなければなりません。「かま」という言葉も、英語などにはありません。魚に関して、英語は非常にプアです。

イングリッシュ・パブに入ると「フィッシュ・アンド・チップス」というのがありますね。ロンドンでこれを注文したとき、「この魚は何か」と尋ねると、ウエイターはわからないので厨房に聞きに行きました。すると料理している人も知らなくて、ただの「フィッシュ」だと言って終わりです。しかも、英語には「fish」の複数形がありません。一方、お隣のフランスには魚を表す「ポワソン」(poisson) に複数形があるということから、食文化の違いがわかってくるのです。少し脱線しましたが、そのくらい生活に密着して言葉が変わってくるということです。

文明間の対話

ところがそういった多様性を持った文化は、ただ孤立してあるのではないのです。

これが「文明間の対話」という、私がユネスコで取り組んできたテーマです。オクタヴィオ・パスという偉大な作家が明言しています。「すべての文明は混交によって生まれる。出会いであり、衝撃である」と。「逆は孤立であり、文明の死である」、この認識を私は完全に共有しています。

私が手がけたユネスコでの仕事の中で、一番大きいものはシルクロード総合調査ですが、正式にはシルクロード「対話の道」総合調査です。そのときに使った言葉が「文明間の対話」です。「シルクロードとは文明間の対話の道である」。これが一九八五年にスタートさせたプロジェクトのキーワードです。文明とは絶えず出会うものであり、孤立したら死んでいくのです。

もう一つ引いておきましょう。前のフランスの首相であったド・ヴィルパンは、六月に京都大学で講演をした際、こういうことを言っています。「一つの言語の消滅と共に、人類の経験の一部が消えていく」と。それから、ここが先ほどの「文化の多様性に関する世界宣言」に関するものなのですが、「言語の画一化は、人類の緩やかな死を意味する」と。また、「バベルの塔に見る原初の言葉は単なる神話。単一言語は人間の貧困化」とも言っています。

バベルの塔というのは旧約聖書に出てくる話で、かつては世界中で一つの言葉が話されていたけれども、人間の倨傲《きょごう》を見た神は、言葉を乱すわけです。そこからいろいろな言葉が乱立するようになって、お互いの言葉がわからなくなるという話ですが、これは神話にすぎず、単一言語になったときに人間は貧困化する、と彼は言いました。

「言語は文化の独自性の尊重と他者の尊厳の上に築かれるべき明日の世界の中核に位置する」という発言は、文化の多様性に関する世界宣言の中心的な観念です。

すべての文明は、他者との出会いによって生まれたのです。現存する言語はその出会いの歴史を表し、言語の中には諸文明のＤＮＡが継承されています。それは民族の形成の記録である。これは私の到達した一つの結論です。

民族国家の誕生と言語の政治化

そこで言語の現状を見てみたいのですが、十八世紀に「民族国家」(nation-state)

という概念が生まれ、そこで言語が政治的に用いられるようになります。民族国家には、それを統一する原理が必要です。そこで言語政策というものが立てられて、国家のための教育を行うようになっていきます。言語がその民族を統一するための道具になることを、政治化と言います。

言語を政治的に利用して統一するということは、日本も行っています。旧土人保護法という悪しき法律は、アイヌの人々すべてにアイヌ語での教育を許さず、日本語オンリーの教育を強いたわけです。

現在中国は、五十五の民族を北京語で統一することを、国家政策として行っています。だからチベットにおいても、チベット語での教育が受けられないという状況があるのです。チベット語と中国語、二つの言葉が併記された教科書が一番よいほうですが、こうしてだんだんチベット語が衰退していけば、このときにチベット文化は消滅することになるわけです。これがチベット問題の鍵《かぎ》だと思います。

インドの場合は状況が違って、数百の言語があるわけですが、例えばヒンディー語をもってしても、その一つの言葉ですべてを覆うことができません。したがって、現在のインドは旧宗主国であるイギリスの言葉、つまり英語を議会でも使うことになっています。

アメリカの場合はインドほどではないものの、やはり多数の民族が入ってきていますから、インドのような状況がありました。そこを中国的な政策で、アメリカン・イングリッシュでもってほかの言葉を駆逐し、統一していったのです。それでもヒスパニックなど、ほかの言葉が入ってきますから、彼らはそれをもって「文化の多様性」と言いますが、世界の文化の多様性から見れば微々たるものであると言えます。

現在、世界には六千ないし七千（数え方による）の言語がありますが、一世紀足らずで半減すると予想されています。そのうち十万人以上が使用している言語は、千語のみです。

フランスでは最近、七十五の地方言語を特定しました。あのフランスで七十五の言語と言うと驚かれるでしょうが、実はフランスは海外県というものを持っています。ポリネシアとか、カリブ地方とか、それから南米のほうにもある海外県で使われている言葉が、この中の四十です。ですから、残りの三十五の言葉がフランス本土にあるという発表ですが、こういった言語が、結局フランスの方言なのか、独立した言語なのかということは、非常に区別が難しい。これは学者による数え方の問題、定義の問題なのですが、いずれにしても、こういう言語がフランスでもやはり消滅に向かっていくということなのです。

なぜなら、義務教育は皆さんが知っているフランス語で行いますから、自分の言葉はブルトン語にせよ、イディッシュ語にせよ、アルザス語にせよ、第二言語になってくわけですね。それが続くと、やはりこの数も減っていきます。ただし、七十五という言葉を特定したのはかなり最近です。方言とされるものも数えれば、例えば日本でも、日本語のほかに京都語があると言ってしまえば数は増えていきますので、この数は非常に微妙なものを含んでいるということも知っておいていただきたいと思います。しかし最近、ユネスコが琉球諸島の言語をはじめ、八つの言語を絶滅危惧種に指定したことは知っておいたほうがよいでしょう。

それから、民族国家の誕生と言語の政治化の発端について、一言だけ触れておきますが、皆さんご存じのギリシア、それに続いてローマ帝国というのがありましたね。

その違いは何かということです。

ギリシア型の言語政策は、実は地方言語をそれぞれ独自のものとして尊重する言語政策でした。違いを尊重し、そこに上下関係をあまりつくらなかったのです。ところが、それに続くローマ型と言われる政策は、中央の言葉で、そのすべての領土を統一するというものです。ですから、民族国家の誕生と言語の政治化という問題、つまり十八世紀に統一の理念として言葉が使われるようになってきたということは、ヨーロッパ諸国も、それから日本も、ローマ型の政策をとったということです。

リンガ・フランカとは何か

共通語、つまりリンガ・フランカと言われるものは、例えば昔のペルシア語、ラテン語、そして十九世紀のフランス語、第一次世界大戦以降の英語です。

第一次世界大戦以降に英語が勃興《ぼっこう》する例証としては、ベルサイユ条約を考えていただくとよいと思います。第一次大戦が終わってベルサイユ条約ができるときに、初めてアメリカが、その条約を仏英両文で書くことを要求したのです。それまでの外交条約は、すべてフランス語のみでした。フランス語が外交用語であったわけです。ベルサイユ条約以後、国際条約はフランス語と英語の双方で書かれるようになって、第二次大戦後に英語の地位は決定的になりました。まさにアメリカのおかげで英語が決定的に国際語になるという変転の仕方です。

ところで、こうして国際語になった英語を「世界語」と言ってよいのかというと、私は「世界語」とは申しません。ちょっと皮肉を込めた俗語でグロービッシュ(Globish)と言います。結局リンガ・フランカとは、今までお話ししてきたように言葉は音だ、響きだ、言霊がある、ということからすると「言霊を持たない道具」です。いかなる民族の魂をも映していない、ということです。したがって、英語とリンガ・フランカは区別しなければならない。英語を「世界語」と言うことは、やめなければなりません。リンガ・フランカとしての英語は、真の英語ではありません。英語の一部です。富士山にたとえると、麓《ふもと》から頂までを含めた山の全体が英語だとするならば、リンガ・フランカとは麓のほう、せいぜい五合目以下です。

これは今の英語に始まったことではなく、ペルシア語もそうでした。なぜペルシア語かというと、シルクロード交易の主役はペルシアのキャラバン隊だったからです。交易のときには、ペルシア語がいわゆる商売の数字とか度量衡に用いられたのです。また、ラテン語は中世、ソルボンヌをはじめとする神学校で使われた言葉です。それがだんだんフランス語になり、次に英語に代わっていくのが世界史ですが、ソルボンヌが神学校であったとき、確かにラテン語はリンガ・フランカになったのですが、問題は、これが本当のラテン語かということです。

この点で、私がはたと思いついたことがあります。私が京都大学にいたころ、トマス・アキナスの原典を高田三郎先生と一緒に読み、『神学大全』の日本訳の助手をしましたので、トマスのラテン語は辞書なしで読めるようになりました。ところがその私が、ほかの教室でアウグスティヌスの『神の国』を原典で読む講義を受けたら、それがわからないのです。アウグスティヌスは、レトリックを駆使した完璧な文学としてのラテン語を書いていますから、辞書を引きながら悪戦苦闘です。ところがトマス・アキナスの場合、イタリア人であるトマスが、ソルボンヌでのセミナーでいろいろな国から集まってきた神学部の学生たちと議論をしながら使ったラテン語ですから、先ほどの例で言う「富士山の麓」です。だからラテン語を五年もやれば、トマスの『神学大全』は辞書なしで読めても、本当のラテン語で書いているアウグスティヌスの本は読めません。リンガ・フランカとは、そういうものなのです。

したがって、リンガ・フランカだけを使用していくということは、文化の貧困化を意味すると言ってもよいでしょう。

ちなみにエスペラントの試みとは、リンガ・フランカはフランスなりイギリスなり一つの国の言葉を使うわけですから、そのときの不平等・不公正や一言語による支配への拒否から生まれたもの、と理解しています。

「互敬」に向けて

そこで結論に入らせていただきますが、われわれはこの言語年にあたって、このように考えたい。まず一番大切なのは、自国語の習得です。自国の文化の真底に触れるような、自国語の完璧な習得。次いで、ぜひ皆さんに進めていただきたいのは、二か国語以上の習得です。自国語プラス二か国語以上の習得、それを多言語教育と申しますが、これが最も正しい道であると私は信じています。

　そのとき最も大切なことは、他者の文化に敬意を払う「互敬」の精神です。互恵の「恵」を「敬う」というほうに替えていただきたいわけです。異文化間の対話とは、異なるものが異なったまま、共にお互いを敬う「互敬」であってこそ、そのままお互いに恵む本当の「互恵」になるということを、私は今、感じている次第です。

【コラム】もののあわれ——ことの葉の真実

心と物の交わり

「もののあわれ」とは、日本人の心情の一番の深みにひそむものです。それは物事のはかなさ、哀れさを表す言葉ではありません。真実を表す言葉なのです。本居宣長《もとおりのりなが》は『石上私淑言《いそのかみささめごと》』で、それが平安期の歌の中にあると述べ、「見るもの、聞くこと、なすわざにふれて、情の深く感ずること」を「あわれ」と言う、としています。歌道は「あわれ」の一言に尽きる、とまで言うのです。

するとこの言葉は、人の心が物に触れて動く、その瞬間の真実を伝えているのではないでしょうか。

南紀の孤高の博物学者、南方熊楠が一八九三年、ロンドンからそのころパリにいた高野山の僧、土宜法竜《ときほうりゅう》に書き送った手紙の中に、二一ページの図があります。彼は「学者たちは物と心を別々に論究しているが、自分は〝こころ〟と〝もの〟の交わって生じる〝こと〟こそを究めたい」と述べています。この「こと」を「人界の現象」と言ってよい、とも書いています。熊楠にとって「こと＝現象」とは、人の「こころ」と「もの」の交わったところに生じるものなのです。

日本人の美的感覚

これに関連して、おもしろい研究があります。

『日本人の脳』（大修館書店）は、難聴の専門医である角田忠信氏が、四十年ほど前に著した衝撃の書でした。一般に人間の脳は、左脳が論理を扱い、右脳が感性を扱うと知られています。理論の組み立て、数学などは左脳が扱い、音楽や美術には右脳が反応しています。つまり左はロゴス、右はパトスの脳なのです。

ところが角田氏は、患者がどちらの脳で音をキャッチしているかを調べるうちに、不思議なことを発見しました。ユーラシアのすべての民族と異なり、日本人は普通なら右脳でとらえられるべき音の一部を左脳でとらえている、と言うのです。例えば小川のせせらぎ、松風の音、虫の音などです。

それはある夏の夜の偶然の発見でした。論文を書こうとしてもなかなか集中できない。ふと見ると窓が開いていて、庭には虫の音が満ちている。角田氏はその虫の音を聴覚用の分析器にかけました。するとそこに描かれたカーブは、なんと人間の母音のカーブに酷似していたのです。「母音」、ここに秘密がある、と氏は考えました。

日本語はとりわけ母音優位の言葉です。すべての語彙《ごい》が子音と母音の組み合わせであるのみか、母音だけのものもあります。例えば「愛を追う」と言ったとき、子音は一つも入っていません。「Ai o ou」です。日本語以外に母音だけで文章が成立する言語はありません。こうして自然音に近い母音の中で生きてきた日本人は、言語脳である左脳で、他民族なら右脳でとらえるべき水や風の自然音、すすり泣きなどの感情音から和楽器の音までをもとらえているのです。

ここから角田氏は、ロゴスの左脳・パトスの右脳に代えて、日本人の脳を心の左脳・物の右脳と対比させました。この「心」の中には理・情・自然の三つの要素が含まれる、とするのです。

もし南方熊楠の言うように、「こと」とは「こころ」と「もの」の出会いであるとしたら、日本人にとっては、それは理論ではなく全人としての「もの」との出会い、純粋な存在との触れ合いであり、森有正が「経験」と呼んだものです。

かつて、京都で数か国の人たちが集まり、「もののあわれ」をどう外国語に訳すか、を議論したことがありました。訳せないのです。すると最後に一人がこれはどうだ、と言って示したのが次の訳です。

AWARE OF THINGS

実はこのアワレならぬアウェアーという英語もまた、ほかの欧州語に訳せません。何かが意識に明らかになった状態を指す言葉です。なんとこれは宣長の「もののあわれ」に近く、熊楠の言う「こと」にも近いではありませんか。この「こと」が木漏れ日のように降りきたるもの、それが言の葉なのです。

第二章　ユネスコと文化の多様性

＊本稿は、二〇〇七年十二月五日、東海大学文明研究所において行われた第十九回コアプロジェクト・講演会「文化の多様性の確立に向けて――『文化の多様性に関するユネスコ世界宣言』採択の経緯と意義」の内容に基づくものです。

〈初出誌＝東海大学文明研究所『文明』第十三号〉

東海大学の文明研究所では、昔からのよき友人である松本亮三先生や横山玲子先生が、アンデス山中での遺跡の発掘等、第一次資料の取得に向けて最先端の研究を進めておられます。一方では、今朝の新聞を見ますと、フランスのル・マン二十四時間レースに東海大学チームが参加されるとのことです。アンデス文明と自動車レースですから、本当に「多様」な大学だなと感心しております。また、日本の比較文明学会では、東海大学が事務局等として、非常に重要な役を演じておられます。ここでお話しできるのは非常に光栄なことです。

本日は「文化の多様性」という言葉、これが世界宣言や条約になっていく過程について、お話ししたいと思っております。

相互理解が平和を築く——ユネスコの「知的協力」の意味

まずユネスコという機関について、一言だけ申し上げておきます。

ユネスコは、日本語で国連教育科学文化機関と訳すように、国連機関です。これがどうして生まれたのかというと、実は戦争の産物です。

第二次世界大戦の最中に、イギリスのウィルキンソン女史という当時の教育相の呼びかけで、各国からの亡命政権の教育相がロンドンに集まり、「戦後の教育復興はいかにあるべきか」という話し合いを始めました。それは一九四三年、戦争の真っただ中のことです。ナチス・ドイツの空爆下にあったロンドンの、灯火管制の下で、人々は戦後の教育についてすでに議論していたのです。

そこには大きな反省がありました。それは、あの有名な「戦争は人の心の中に始まるものであるから、人の心の中にこそ平和の砦を築かねばならぬ」というユネスコ憲章の前文の冒頭の、その次に書いてある言葉です。

「相互の習慣と生活を知らないことが、人類の歴史を通じて、世界の諸民族の間に疑惑と不信を起こした共通の原因であり、このために生じた諸民族の不一致が、あまりにもしばしば戦争となった」。これがユネスコ憲章の前文の第二節です。つまり「戦争とは、お互いの文化を知らないところから始まる」という反省が、このとき初めて行われたわけです。そこで「戦争が終わったら、お互いの文化を知り合うような教育を打ち立てよう」と約束し、知的協力というものがその柱となっていきます。

そのモデルとされたのが、戦前の国際連盟が設けていた知的協力委員会です。その下には、すばらしい人が集まっています。皆さんがご存じの名前だけ挙げますと、例えばベルグソンも、マリー・キュリーも、アインシュタインも、ホンジンガーも、タゴールもいました。そういう人たちが集まって、知的な対話を通じて人類の将来に本当の相互理解、文明間の相互理解が生まれる素地をつくろうと努力したのです。新渡戸稲造はその幹事を務めていました。しかしながら、その計画は戦争で国際連盟自体が解消したことにより、挫折するわけです。なお、大陸での政策を非難された日本は、その前に脱退しました。

ロンドンに集まった人々は、この知的協力委員会の活動の大切さを認め、しかしそれには資金的な裏づけがなければなりませんから、将来のユネスコとなる機関を政府が資金を出す機関としてつくることを決めているわけです。それが、ユネスコという組織が重要な政府間機関である国連の一部になった理由です。

ですから、皆さんがユネスコに対してどういうイメージを持っておられるかわかりませんが、この知的協力がなくなったらユネスコではない、というのが私の信念です。私が在勤中にスタートさせた数々のシンポジウムは、そうしたユネスコの原点に帰る活動であったと言えると思います。

ユネスコが発信した「世界遺産」の概念

私は一九八五年、「シルクロード総合調査計画」というものを立案しました。それが準備段階を経て本当に発足するのは一九八八年ですが、その調査には「対話の道」という題がついています。この計画書の冒頭に、私はこう書きました。「シルクロードは、陸の道、海の道を問わず、何よりも〈文明間の対話〉の道であった」。これが二十ページに及ぶ計画書の第一行です。「文明間の対話」という言葉をそこで初めて使ったわけですが、イギリス人のアシスタントは「対話をするのは人間なのだから〝文明が対話する〟ということは言えないのでないか」と言いました。私が日本に帰ってきて本を出版する際も、このタイトルを使おうとしたら、講談社に「ちょっと聞き慣れませんね」と言われました。それで『文明の交差路で考える』（講談社現代新書）という題名になったのです。

しかしながら、言葉はだんだん定着してくるものだと思います。皆さんもご存じの「生涯教育」という言葉もユネスコから発せられて、今では定着しました。「世界遺産」という言葉、これもユネスコから発せられています。今、皆さんはこれを当然のことと思ってみえるでしょう。しかしそこには大いなる意識の改革があったのです。

それまで、遺産というものは個人に属するか国に属するかでした。したがって、個人のものは個人が守り、国のものは国が守る、そこでストップなのです。日本の「国宝」も、国の宝であるから日本の国が守るということです。

ところが一九六〇年、エジプトのヌビア地方に大きな出来事が起こりました。当時のソ連の技術援助を受けてナイル川を堰《せ》き止《と》め、アスワン・ハイダムがつくられることになったのです。そのために古代エジプトの二十ほどの遺跡が湖底に沈むことがわかりました。そのとき、ユネスコが乗り出して、ラムセス二世がつくったアブ・シンベルという巨大な神殿、この教室のある建物全体くらいのものを岩盤から全部くりぬいて、寸分違わず六十メートル上に移したのです。また、フィラエ島にあったイシスという女神の神殿も、そのままそっくり沈まない島に移しました。

この二つの事業には、もちろん膨大なお金がかかったのですが、世界中が協力しました。このような文化財は、個人はもちろん国に属するのでもない。人類に属するのだ。だから人類が手を携えて、一緒に救済しなければならないという考え方が、そのときに生まれるわけです。最初は人類の共通遺産と言っていましたが、これが「世界遺産」という概念に発展していくわけです。

「文明間の対話」という言葉も、だんだん定着していきます。ハンチントンが『文明の衝突』という本を出したときには衝撃が走りました。文明とは、衝突して戦うほかはないというような結論でしたが、それに対してイランのハタミ大統領が、ユネスコのシルクロード総合調査に参加していたイランの長として(イランは昔のペルシアのキャラバン隊の主役ですから、もちろん調査に参加していました)、そのキーワードである「文明間の対話」という言葉を国連に提唱します。そして二〇〇一年を文明間の対話の年にすることが、国連総会で採決されました。その国際年のおかげで、「文明の衝突」に対する「文明間の対話」という概念が定着したのです。

環境問題と結び付いた世界遺産条約

今、アブ・シンベルの救済から始まった世界遺産のことについて話しましたが、もう一つ、皆さんに知っておいていただきたいことがあります。世界遺産と言いますと、すぐに文化遺産が頭に浮かぶわけですが、実はこの条約の成立自体が、地球の環境の保護と直結していたということです。

思い起こしていただきたいのですが、最初に環境サミットが開かれたのはいつでしょうか。リオ・デ・ジャネイロよりもっと前、一九七二年にストックホルムで開かれた「地球環境を考える世界会議」が最初です。

この年は非常に重要な年でした。ローマクラブという研究者グループが、このままの成長を続けていくと地球自身が危ないと指摘した「成長の限界」という報告を出したのもこの年です。そして、世界遺産条約が成立するのも、同じ一九七二年です。つまり、そのときすべての関心が地球環境問題に直結していたということです。

その二十年後、一九九二年にリオで開かれたいわゆる地球環境サミットにおいて、そのことが確認されます。その中で出てきたのが「生物多様性に関する宣言」です。これが後の「文化の多様性宣言」に結び付いてくるのです。

それ以前も文化の問題が環境問題と直結していたという例証を、一つだけ申し上げておきます。国連機関の中で環境問題に最初に取り組んだのは、やはりユネスコだと思うのですが、その中で一九六〇年代の終わりに発足した「人間と生物圏」（MAB）という部門があります。このMABが発足後三年くらいで世界遺産条約の立役者になるのです。ですから世界遺産センターができたとき、このMABという自然科学局の環境部門の部長が最初の所長になりました。

ところで、日本はなぜか二十年間、世界遺産条約に批准しませんでした。九二年になってやっと批准した後、直ちに登録をということで提出されたのが、白神山地、屋久島、法隆寺、姫路城であったわけです。法隆寺と姫路城はわかりやすい文化遺産ですが、最初の二つは自然遺産です。青森県と秋田県にまたがる白神山地は、すばらしいブナの原生林ですね。それから、一つの島に熱帯から温帯にかけてのすべての生態系が宿るという屋久島。その二つが登録されたことが、世界遺産条約は環境に直結しているということを物語っています。それからずっと日本の自然遺産の登録はありませんでしたが、やっと二〇〇五年に知床が三番目の自然遺産として登録されました（注＝二〇一一年、小笠原諸島が第四の自然遺産として登録されました）。

「文化の多様性」と「生物多様性」の有機的な結合

ただいま、九二年に「生物多様性に関する宣言」が出たということを申し上げましたが、文化の多様性、これに大きなインパクトを与えた人物がいます。「文化の多様性に関する世界宣言」は、実は東京に関係があります。なぜかと言いますと、一九九五年、私はユネスコ退官の直後だったのですが、事務局長顧問として残ることになり、その前から準備を始めていた「文化と科学の対話」というシンポジウムシリーズの第四弾にして完結編を、東京の国連大学で開催したのです。このときの基調講演は、日本代表としてはその前年にノーベル文学賞を受けた大江健三郎さん、外国からはジャック・イヴ・クストーにお願いすることになりました。クストーは、日本では「沈黙の世界」という映画でのみ知られているのかもしれません。

クストーは戦争中、フランス海軍の士官だったのですが、フランスがドイツに占領されてやることがなくなったとき、潜水服を着ずに海に潜れたらさぞかしすばらしいだろうということで、今で言うスキューバダイビングの仕組みをつくりました。潜水用の呼吸装置をアクアラングと名付け、戦争中に完成させたのです。そのおかげで、自由に遊泳しながら海底を撮影することが可能になったわけです。

クストーはそれで「沈黙の世界」という映画をつくり、これがカンヌ映画祭のグランプリとアメリカのアカデミー賞の二つをとりました。それ以来、誰でもできるスキューバダイビングに発展していくわけですが、まさにコロンブスの卵です。

クストーは七つの海と河川をすべて調査して、最後は陸に上がります。というのも、海の生態系と陸の生態系が連動しているということに気づいたわけです。すなわち、地球環境学者の先駆です。

そのクストーが日本に来てくれて、九五年の国連大学でのシンポジウムで非常に印象的な発言をしました。それは身をもって体験したことだったのです。彼はこう言いました。「南極のように種の数の少ないところの生態系は、きわめてもろい。ところが赤道直下のように生物の種が多ければ、生態系は強い」。そして「この法則は文化にも当てはまる」と。これが東京での証言です。私は非常に衝撃を受けました。

上智大学名誉教授の鶴見和子さんはこれに感動して、最後の最後までクストーの話をしていました。鶴見さんが八十七歳にして最終講演をされたとき、なんの話をされたのかというと、名前が出てきたのは南方熊楠とジャック・イヴ・クストーの二人だけであったのです。このことは、九五年の鶴見和子とクストーとの出会いがいかに重要であったかを物語っています。そのくらいの衝撃を与えたのが「文化の多様性と生物多様性は結ばれている。生物の多様性がなくなっていけば、生物全体が死に絶える。それと同じことが文化で起こる」というクストーの言葉なのです。

これと同じ証言を、私はパリで二〇〇五年に聞きました。二十世紀の巨人、文化人類学者のレヴィ＝ストロースです。ユネスコ六十周年の記念式典に出席したレヴィ＝

ストロースは、なんと齢《よわい》九十七歳にして二十五分の講演を行ったのです。もうお年でしたから、姿を見せただけで帰られるのではないかと思ったのですが、入念に準備をされた、すばらしい講演でした。

その中で一つご紹介したいのは、レヴィ＝ストロースが「文化の多様性と生物多様性は有機的に結ばれている」と言ったことです。それを言語構造と遺伝子構造の比較から述べまして、このことにも私は非常に感銘を受けたのですが、これは鶴見さんに衝撃を与えたクストーの発言と一致するのです。

「文化の多様性に関する世界宣言」の第一条には、このことが受け継がれています。「自然界に生物多様性が必要であるのとまったく等しく、人類の生存のためには文化の多様性が不可欠である」と。ちなみにこの宣言には、その前に元国連事務総長ペレス・デ・クエヤルが委員長を務めた委員会の報告書「わが創造的多様性」の、多様性こそが創造的なものをつくり出すという思想も入っています。それが二〇〇一年に発表され、ユネスコ総会で満場一致で採択されました。

九・一一後の世界

ここで、二〇〇一年とはどのような年だったかを思い起こしてみましょう。その前年の二〇〇〇年は、ユネスコの提唱による「平和の文化国際年」でした。二〇〇一年は、これをさらに深化していく「文明間の対話国際年」で、ハタミ大統領が提唱して国連総会が了承したものです。

ところが、その年の九月に何が起こったのか。九・一一事件、同時多発テロです。世界はものすごい衝撃を受けました。九・一一というのは、まるでハンチントンの『文明の衝突』を絵に描いたような事件ではありませんか。その対抗概念である「文明間の対話国際年」の最中に九・一一が起こり、その直後に「文化の多様性に関する世界宣言」が採択されたということが、私は非常に重要だと思います。つまり、九・一一で全世界がそれだけの衝撃を受けながら、そのたった一か月半後に、グローバリズムに対抗する哲学を全世界が確認しているのです。

グローバリゼーションが進行した今、世界にはグローバル化を肯定する機運があります。ところが、このグローバリゼーションが意味するものは世界の画一化であり、一つの価値による世界制覇であるということを見てとって、ユネスコの全加盟国が「文化の多様性に関する世界宣言」を採択するのです。ここで、はっきりとアメリカ的価値観による世界の征服に「NO」を言っているわけです。九・一一の一か月半後です。そのことに注意していただきたいと思います。

その宣言は、フランスをはじめとしたいろいろな国の代表が、採択後に「世界人権宣言に次ぐ重要な宣言だ」という評価をしています。「文化の多様性に関する世界宣言」をリードしていたのはフランスとカナダですが、これに勢いを得て、この宣言を国際条約にしようと動き出します。宣言とは「moral obligation」ですから、道義的には拘束しますが、政府を拘束しません。ところが条約にしてそれを批准したということになると、法的拘束力が生まれるわけです。

実は、アメリカは一九八四年にユネスコから脱退しています。ユネスコがあまりにも政治化し、ソ連陣営につきすぎているということで、時のムボウ事務局長を非難して脱退したわけです。そのアメリカが二〇〇二年の九月、しかもブッシュ政権という強硬派が、ユネスコ復帰を表明します。ブッシュ大統領自身が国連総会で言明した後、復帰の手続きに一年を要しますから、一年後の二〇〇三年に復帰するわけです。

その動きを奇妙だと思われた方も多いでしょう。二〇〇二年秋の国連総会で発表されたブッシュ・ドクトリンとは、簡単に言うと「アメリカ的価値に従わないものは力で制圧する」ということです。同時に行われたユネスコ復帰の言明と、全然結び付かないではありませんか。しかし私には、その筋書きがはっきりと読めたのです。

つまり、アメリカのユネスコへの復帰は「文化の多様性に関する世界宣言」と密接に結び付いています。今述べたように、これを条約化しようというフランスとカナダの動きを見てとったアメリカは、ユネスコから脱退したままではこの議論に参加できない、参加して阻止しなければならないということで、復帰を決めるのです。条約化のために三回の専門委員会、三回の政府代表者会議が開かれるのですが、それのすべてにアメリカは参加して、ＷＴＯ（世界貿易機関）も動員し、猛烈な論戦を張ります。この条約は、一般的に「文化の多様性に関する国際条約」と言っていますが、正規の名称は「文化的表現を保護し、促進するための国際条約」です。ここで、どうしてアメリカがこの条約を成立させまいと反対したのかを理解していただく必要があります。

アメリカに行かれるとき、こういうことに気がつきませんか。アメリカの空港の土産物店で何を売っているか。ほかのすべての国々は自分の国の名産品を売る中で、アメリカの空港で売っているのはフランスやイタリアのブランド物、それから電化製品はほとんど日本製です。アメリカの製品はマカデミアナッツぐらいしかありません。つまり、アメリカには輸出するものがないのです。

昔は車がありましたが、現在は自動車産業も完全に日本やアジアに移りました。それにヨーロッパもあります。では、飛行機はどうかと言うと、それほど数が売れるものではありません。武器の輸出では第一位ですが、それさえもアメリカの輸出入のバランスを保つものではありません。では、アメリカは何を輸出しているか。人の心に届くもの、つまり文化的コンテンツです。

文化的コンテンツとは、映像、映画、それからすべてのテレビ番組、音楽、すべてのソフトウェア、ハリウッドをはじめとするメディア産業がつくり出したコンテンツです。それが輸出品目の第一位なのです。ところがその第一位の輸出産業にブレーキをかける、待ったをかけるのが、この宣言であり、この条約です。

現状を放っておいて、市場原理というものにすべてを委ねていけば、世界は全部アメリカの文化になってしまいます。現在も、目に見える形や耳に聞こえる形で全世界を覆っており、そのために、ほかの小さな国の文化が消えつつあるのです。

こういうことを考えてみてください。今から一世紀前に六千あった世界の言語は、今では三千になりました。あと一世紀経ったときには、また半分になるのです。言語の消滅とは、一つの文化の消滅でもあります。クストーが警告した「数が減っていけばいくほど、生態系はもろくなる」という、あの法則に当てはまるのです。

つまり、すべてが画一化されて一種類だけになったときには、生物は死にますが、文化的存在である人類もまた、生存の危機に晒《さら》されるということを言ったわけです。南方熊楠もそうですし、ジャック・イヴ・クストーもそうです。鶴見和子さんが注目していたのは、そういうことを言った人たちなのです。しかし、最大の輸出品目を阻止されてはいけないということで、アメリカはものすごい論戦を張ったわけです。自由市場というもの、いわゆる市場原理は、一応WTOで承認されている基本的な原則ですので、それを盾にとって戦いました。

そこでユネスコは「心の領域には市場原理を認めず」という立場をとりました。これが条約の意味です。宣言のほうは明快ですが、条約になりますと、あらゆるケースを想定しなければなりませんので煩瑣《はんさ》です。読もうとしても、おそらく皆さんは途中で放り投げてしまわれると思いますが、その内容の骨子もここにあります。

アメリカはユネスコに復帰し、それを阻止しようとして断固戦いましたが、それにもかかわらず、二〇〇五年十月にこの条約は成立します。反対したのはアメリカとイスラエルの二か国だけでした。棄権したのはオーストラリアと太平洋の三つの島々、四か国だけです。それを除いた絶対多数で条約が可決されました。

そのとき、日本はどうしたか。日本とイギリスは、当時「ブッシュの犬」と言われたように、それがおそらく一般の認識だったと思います。しかし、二〇〇五年のその採択において、これは日本人が誇ってよいことだと思うのですが、日本もイギリスも棄権せず、賛成のほうに投票しているのです。この投票に関しては「ブッシュの犬」

ではなかったのです。しかも、アメリカの最大の輸出品目が問題となるその条約で。そのときの日本代表であった佐藤禎一大使を、私は非常に尊敬しています。

「文化の多様性」と「通底」の価値

私はこういうことが起こることを予見していましたので、二〇〇四年の春、松浦晃一郎事務局長に「文化の多様性に関する国際シンポジウム」を提言しました。「文化の多様性に関する国際条約」とは、正確には「文化的表現の多様性を保持し促進するための条約」ですが、一つ間違うと、それぞれの国が文化的アイデンティティーということを盾にとって、閉鎖的になる可能性があります。そして、もし文化的アイデンティティーの名においてほかの文化を阻害するなら、この宣言や条約の本当の精神に反することになります。そこで「文化の多様性をあくまでも尊重しながら、その中に通底の価値を探る」というシンポジウムを提言したのです。松浦晃一郎事務局長の賛同を得て、二〇〇五年、パリでユネスコ創立六十周年記念国際シンポジウム「文化の多様性と通底の価値——聖俗の拮抗《きっこう》をめぐる東西対話」が実現しました（報告書の邦訳＝麗澤大学出版会刊）。

「通底」とはトランスバーサル（transversal）という言葉を使いますが、これから新聞やメディアでも、だんだん多く使用されるようになってくると思います。フランス語では「トランスヴェルセル」と言って、ロジェ・カイヨワという哲学者が約四十年前に使った言葉です。日本では、仏教用語ではありますが「通底」と訳します。

それは「普遍」ではいけないのかというのは、非常にまともな質問です。ヨーロッパ人ならすぐに「なぜユニバーサル（universal）ではいけないのか」と聞いてくるところです。だいたい世界宣言は「universal declaration」でしょう。世界人権宣言もユニバーサルという言葉を使っています。そこに私はあえてトランスバーサルという言葉を持ち出しました。それはこういう反省からきています。

ラテン語の「uno」「uni」は、「一つ」という意味を持っています。「verso」とは「そこに向かうこと」です。つまりユニバーサル（普遍）とは、「一つのところに向かっていく」ということです。例えば、カトリックという言葉は、それ自体が普遍的ということを指しますので、カトリック教会は「公教会」と訳されます。こういうとき、ユニバーサルは上下関係を含みます。

ですから、いかにバチカンがほかの宗教と対話をしようと、所詮は上下関係が前提とされているのです。私の非常に尊敬するヨハネ・パウロ二世が二〇〇〇年を期して「カトリック教皇の不可謬性《ふかびゅうせい》」という神話を破り、教会の犯した過去の罪を認めて懺悔《ざんげ》した点は敬服すべきです。しかし、宗教間の対話のほうは限界がありました。次の法王になってからは、もっと昔のカトリックに返った感を抱かせるものがあります。すなわち、ユニバーサルとは「自分の価値」は微動だにしませんが、トランスバーサルのほうは自らが変わるリスクを負う。ここが違うのです。

もう一つ例を挙げますと、ローマ帝国は非常に繁栄しました。そこでは多民族が共存しており、最初はすべてをローマ市民にしました（最後のほうでは、これは多すぎるからといって変わっていきますが）。それを可能にしたのは、ローマが打ち出したクレメンチアという思想、すなわち「寛容」です。しかし、これは「寛容」でありながら、やはりカトリックと同じです。自分の価値が上で、「入れてあげる」ということなのです。「あなたのところはそのままでいいですよ。半独立で、ローマ市民にしてあげますよ」ということです。

差別を生む「普遍」の価値観

ユニバーサルという観念は、啓蒙時代に推進された観念ですが、あくまでも理性のみに立脚しています。理性・感性・霊性という人間の能力のうち、感性と霊性を低く見て、理性だけを非常に重要視したのが、十八世紀のヨーロッパに出現する啓蒙主義と言われるものです。それをつくり出したのが十七世紀の科学革命であり、デカルトやベーコンの行った意識改革であると言ってよいかと思うのですが、十八世紀は少なくとも啓蒙主義の世紀です。

啓蒙の時代とは、フランス語で「Siècle des lumières」、ルミエールとは光です。英語も「enlightenment」であり、光です。理性の光で全部を照らすという、この一つの主義が、ヨーロッパに力を与えます。啓蒙主義は直ちに産業革命に結び付きます。

百科事典を書いただけではなくて、産業革命も準備したわけです。そして産業革命がヨーロッパのいわゆる列強をつくり上げ、それが植民地主義というものにも結び付いていくという動きです。ですからユニバーサルという観念は、理性から生まれたものでありながら、世界制覇に貢献したわけです。

ユニバーサルではいけないと私が申し上げるキーポイントは、人間の把握において全人性が失われた点です。理性偏重、これは現在の日本の知育偏重の教育にも残っています。しかし理性偏重をつくり出した「普遍」は、差別の原理になりました。いわゆる啓蒙主義というもの自体が、差別の原理にほかならないのです。「光の世紀」と言うと非常に美しいものに感じられますが、そのことを知らなければなりません。

何を差別したかと言うと、まず女性を差別しました。女性とは、理性だけを切り離せない存在です。女性の中で、感性と理性はダイナミックに連動しているのです。右脳と左脳と言ってもよいでしょう。これはスウェーデンのオットソンという脳学者に聞いたことですが、女性は右脳と左脳が交信していると言います。したがって、女性においては理性だけを純粋に取り出すことはできません。もちろん女性が感性だけの動物であるというのはとんでもない間違いですが、そのゆえに啓蒙主義は女性を差別しました。十八世紀以来、ヨーロッパでは女性ははっきりと下位に置かれています。それから子供を差別しました。子供は理性が完全に使えないから、半人前であるとされたのです。実は国連による「子供の権利宣言」は、子供は「不完全な大人」なのではない、という宣言なのです。

啓蒙主義は、次に非西欧、つまり「西欧ならざるもの」すべてを差別しました。それらは結局、西欧の植民地になっていくのですが、そこに住んでいた原住民は、理性・感性・霊性というものを区別せず、渾然一体《こんぜんいったい》と生きていたから未開人と呼ばれ、差別されたのです。そのような価値観が、近代をつくっていくわけです。そこでわれわれは、そういった普遍ではいけないということを示すために、トランスバーサル（通底）という言葉を使うのです。ロジェ・カイヨワというフランスの文人、ユネスコ文化部長を務めたこともある私の先輩は、トランスバーサルという言葉を使っています。

通底するとは「異なったものが異なったままにお互いを尊重しながら、根底で響き合うものをもつ」ということです。通底とは響き合いなのです。将来の世界は、そこに行き着かなければなりません。一つの文化が他を征服するのではなく、一つの文化が他を飲み込むのではなく、お互いに独自性を尊重しながら、その底に響き合うものを読み取ろうとする方向へ向かわなければならないのではないか。国連大学で行った会議でも、私にとっては非常に多くの学びがありました。

ゴッホの「ひまわり」に学ぶこと

上下関係をつくり出した普遍を離れて通底の世界に行くと、「間」という概念が非常に重要になるという指摘がありました。実は理性のみの論理は、アリストテレスの論理学までさかのぼりますが、排中律というものを含んでいるのです。排中律とは科学の論理に使われてきたものですが、「AはBでありながら、同時に非Bであることはできない」ということです。「間」がないのです。これでいきますと、皆さんが当然のこととして考えておられる「色即是空《しきそくぜくう》」は成り立ちません。「一即多、多即一」

というものも成り立ちません。「一切即一、一即一切」、これは華厳《けごん》の哲学ですね。「色即是空」という般若心経《はんにゃしんぎょう》の言葉も、すぐに「空即是色」と返ってくるわけです。こういう「即」で結ばれる命題は、排中律の論理では排除されるのです。

仏教、特に大乗仏教の世界では、それを真理としてきました。これを理解するには「包中律」という新しい論理が必要であるということを、今、世界のいろいろな学者が考えています。すでにルーマニアの学者が、これはフランス語で発表した本ですが「ティエルス・アンクリュー」(Tierce inclue)という言葉を使っています。排中律は「law of excluded third」であり、第三を認めません。その「第三」、これが実は先ほど申し上げた「間」なのです。包中律は排中律と違って、それを包みます(include)。これを新しいパラダイムをつくり出す論理として認めようではないかということを、シンポジウムで私も提案しましたし、アメリカの学者で国際比較文明学会の名誉会長でもあるパレンシア＝ロスも言いました。ここでもアメリカ人と響き合えるのだ、と思いました。

「おまえたちはわれわれの側につくか、テロリストにつくか」、これはまさしく排中律の世界です。それに対して包中律は、いわゆる「間」という包括者にもっと目を向けて、Aと非Aの両方があるというふうに考えようということです。多様性というものは、そういう論理の中でこそ生きてくるのではないかと思うのです。

一つの例を引きましょう。ゴッホの絵には、光がありますね。ゴッホの「ひまわり」は太陽の花を描いたわけです。太陽自体も描きましたし、ゴッホの燃えるような夜空の星、実はあれも一つ一つが太陽なのです。そうしたゴッホの絵が光を放つのは、どうしてでしょうか。

ゴッホの「ひまわり」をよく見てみますと、少なくとも五つの色が併置されていま す。中には黄色もありますが、褐色もあり、緑色もあり、五つか六つの色が併置されています。そうすると、全体から光が出てくるのです。それがゴッホの「ひまわり」の描き方です。そこでは一つ一つの色が、それぞれ黄色や褐色、青、緑でありながら、全体で光になる。これが多様性の大切さの一番の例証です。

それらの色をパレットの上で全部混ぜると、灰色になってしまいますが、併置することによって光が出てくる。これが多様性の意義なのです。お互いに多様性を尊重することによって、互いに生かされ、その間から光が出てくるのです。「文化の多様性に関する世界宣言」の第一条で言っているのは、そのことです。

ハーモニーを生む「おかげさま」の思想

自分の存在には、他者の存在が必要です。それは寛容の対象ではなく「おかげさまで」なのです。他者がいてくれるおかげで、自己があるのです。この宣言の中からは、「おかげ」という気持ちが伝わってきます。ヨーロッパの知性が中心になって議論されながら、日本人ならわかる「他者あってこその私である」というニュアンスまで出した宣言は、世界で初めてです。そこに大きな意味があります。

「互いに生かすもの」のもう一つの例は、和音だろうと思います。ドミソという和音は、みんなが「ド」になってしまえば、これは和音になりません。しかし、現在のアメリカが行おうとしている文化侵略の結果、これは起こり得ることです。どこかの政治家が「アメリカの一つの州になればいい」と言いましたが、世界中がアメリカ文化になってしまってごらんなさい。皆が「ド」になるようなものです。和音は生まれません。「ミ」が「ミ」であり、「ソ」が「ソ」であるから和音になるのです。それが文化の多様性ということの理解につながるのではないかと思います。

それは、私の敬愛する鶴見和子さんの「曼荼羅《まんだら》の思想」と言ってもよいでしょう。「異なるものが異なるままにお互いを助け合い、お互いに補い合い、共に生きる道」、これが鶴見和子が到達した曼荼羅の境地です。これとユネスコの多様性の宣言は、非常によく合っているのですね。

それからもう一つ、私が言いたいのは「和して同ぜず」です。これは東大の山脇直司さんも書いていることですが、『論語』にある「和して同ぜず」は、君子の立場です。これに対して小人は「同じて和せず」。これも非常に意味があるわけです。

つまり、通底的なアプローチは「和して同ぜず」であり、和音なのです。それに対して普遍とは「同じて和せず」であり、すべてが「ユニ」のほうに向かっていくということになるわけです。「同じて和せず」が普遍の原理であるのに対して、通底の原理は「和して同ぜず」、これが生命の実相の生成の原理でもあるということです。

【コラム】世界的美意識

世界遺産は何を守るのか

「千年余の風雨に堪えて今日に生き残ったモニュメントは、その偉大さによって、地域性、民族性、さらに本来の思想までをも超えたといえる。今日シャルトルの大聖堂、ブルー・モスク、アンコール・ワットは、仏教徒にも、キリスト教徒にも、イスラム教徒にも等しく美しく見えるようになりつつある。世界的美意識の誕生であり、ここに地球市民としての自覚の拠点が見出されつつあるといえる」。これは日本の民間ユネスコ運動の創始者の一人であり、京大人文科学研究所長であった桑原武夫氏が、「地球の品位」という珠玉の短編に書き残した言葉です。

これが書かれたのは一九七二年、ユネスコ総会が世界遺産条約を採択した年です。日本はなぜかこの条約をなかなか批准しませんでしたが、やっと一九九二年にそれが実ると、メディアが急に騒ぎだしました。日本からの初めての世界遺産登録の筆頭に、屋久島と白神山地が法隆寺、姫路城と共に選ばれたのはよいことでした。

実はこの条約は二つの大きな意図を秘めているからです。一つは地球環境の維持です。世界遺産の考えをリードしたのは、ユネスコの中でも環境問題に取り組んでいた自然科学局の「人間と生物圏（MAB）部局」であったのです。もう一つは国連システムが全体で取り組んでいる世界平和の創成です。

他文化の美しさを感じる

今では毎年、世界中の数千万人の人々が世界遺産を訪問し、感動を胸に帰っていきます。旅行に行けない人も、テレビでその美しい姿に見入ることができます。しかし、他文化に美を感じるこの現象は、歴史の中では新しいことなのです。

ギリシアに行くと、そこに残った神々の像のほとんどが首を失っていることに気がつきますが、これはこの地を数百年支配したオスマン・トルコ軍が異教の神として破壊した跡です。二〇〇一年三月、バーミヤンの大仏を爆破したタリバンの行為に通じるものです。マルコ・ポーロの『東方見聞録』の記述も怪奇な描写に満ちています。自らの文化だけにどっぷりと漬かっていると、他文化に美を感じることができません。ここから民族間の誤解が生じます。

フランスのカトリックを代表する劇作家で詩人のポール・クローデルは、駐日大使として来日し、能や歌舞伎に深い理解を示した人ですが、その彼にして、途中で寄ったアンコール・ワットの塔を見たときは「これはアナナ（パイナップル）か？」と言ったそうです。

反対に、私が師事した西谷啓治先生は、初めてシャルトルの大聖堂を訪れた際、その外観正面に並ぶ聖人像を見て「これは仏様ですね」と感嘆されました。目からうろこが落ちるような気がしました。東西宗教の距離を一瞬にして消し去る言葉ではありませんか。精神性の深みにおける出会い、これが世界遺産を結んでいるものです。

世界遺産の哲学は、一九六〇年に始まったエジプト・ヌビア地方のアブ・シンベル神殿の救済事業に端を発しています。アスワン・ハイダムの建設で湖底に沈む運命にあったこのラムセス二世の神殿を、ユネスコは国際キャンペーンで救済したのです。このとき、個人のものでも一国家のものでもない「人類の遺産」という概念が誕生しました。

他文化の美しさを自らのものとして感じられる世界的美意識、それは平和の礎《いしずえ》となるものです。

第三章　イスラム文明との対話

＊本稿は、二〇〇九年五月十三日、モラロジー研究所において行われた講演に基づくものです。

〈初出誌＝道徳科学研究センター『モラロジー研究』第六十四号〉

今日は「イスラム文明との対話」という題を提示していますが、これは二〇〇一年の九・一一事件以来、世界にイスラムというものが急浮上して、しかもそれがテロと結び付いたネガティブな印象で語られることが多いからです。

日本のメディアもそうだと思いますが、今の世界平和の問題点はイスラムをめぐった攻防であると、だいたいの人が思っておられるのではないでしょうか。ところが実は、イスラム教徒とはそういった一部のテロリストではなしに、世界人口の四分の一がイスラム教徒です。そして専門家の見通しによりますと、今世紀中にそれは世界の三分の一になると言います。それは阻止できない傾向ですから、この問題に触れないわけにはいかないというのが、私が今日、こういう題をあえて選ぶ理由です。

「異質な文明」との対話のために

数年前に、ある小学校の児童の書いた作文を新聞記事で読みました。おもしろいと思ったのは、「絵に描いた餅」という表現がありますね。最初にそう言われると、これは絵かと思う。ところが何十回も何百回も「これが餅だ」と言われ続けると、本当に餅に見えてくる、というのです。

この心理を応用したものが、世界に張りめぐらされたメディアの罠《わな》だと思います。一九九三年にサミュエル・ハンチントンが有名な「文明の衝突」という論文を発表してから、メディアが騒ぎ、「宗教は戦う」という虚像をつくり出していきました。ここでは世界を八つの文明に色分けし、それぞれの頂点に宗教があるとしています。その文明間に衝突が起こるということは、取りも直さず宗教間の戦いである、という結論が導かれたのです。九・一一事件はその実証とされました。以来、メディアが繰り返しそのように報道するものですから、ついに世界の多くの人々が「宗教とは戦うものである」と考えるようになりました。この考え方が定着した契機には、報道のあり方があったのではないかと思うのです。

さて、イスラム文明についてですが、「日本文化とは根本的に違う」という印象があるかもしれません。まったく異質な文明ではないかということですね。例えばモスクを見たとき、日本人はおよそ違和感を感じるでしょう。そうした世界と果たして対話ができるのかと、皆さんはいぶかっておられるのではないでしょうか。

シルクロードは「文明間の対話の道」

私がユネスコ在勤のころに行った「シルクロード総合調査」には、「文明間の対話の道」という題が付いています。私はこの計画書を仏英両文で執筆したのですが、実は「文明間の対話」という言葉が国際機関の公式文書として使われたのは、この冒頭に書いた言葉が始まりです。「シルクロードは、陸の道、海の道を問わず、何よりも〈文明間の対話〉の道であった」。この「何よりも」とは、フランス語で「par excellence」（勝れての意味）です。

一九八五年に私がこの調査計画を発表したとき、この「文明間の対話」という言葉が、まるで磁石のように人々を引き寄せました。そして三年間の準備の後、ユネスコの公式事業としてこの調査を行ったわけです。ユネスコの調査隊は、オアシスの道、草原（ステップ）の道、海の道の三つを踏破しました。オアシスの道は「砂漠の道」

と言ってもよいのですが、これが中央を通っている道で、イランからタクラマカン砂漠を横断し、長安に行く道です。「絹の道」という言葉を最初に使ったリヒトホーヘンは、この道を考えていたのです。

それよりずっと北に、旧ソ連領で、今で言うと十か国くらいを通っていく草原の道があります。それから海の道ですが、これもシルクロードだと定義したのは、このユネスコのシルクロード調査が初めてです。対話の道の国際調査、この呼びかけに応えたのは三十か国、三十以上のシンポジウムやセミナーが組まれ、二千人以上の学者が参加しています。

海の道に関しては、八世紀からインド洋の貿易の主であったオマーンが大きな役割を果たしました。アラビアの『千一夜物語』にあるシンドバッドの冒険譚は、実際の人物をモデルにしたものらしいのですが、その出生地が今のオマーンです。

調査の際は、そのオマーンのカブース国王が、自らの「フルク・アル・サラマ」(平和の方舟《はこぶね》)という親衛艦を提供してくれまして、これをもって海の道をヴェネツィアからナニワの港までたどったわけです。寄港先では十六のセミナーが組まれました。

シルクロードとか「海のシルクロード」と言うとき、皆が考える終点は、普通は中国、特に長安です。しかし私は、シルクロードが絹などの物を運んだというだけではなしに、思想を運んだということを強調するならば、遣隋使・遣唐使の道もまたシルクロードであると考えました。その道の存在では、日本では奈良がシルクロードの終着点、正倉院がまさにそのシンボルであると言ってよいものですから、私が企画したこのプロジェクトでは、ナニワの港までの航海を設定したのです。

世界史から消えた「イスラム文明」

調査の中で、私のみでなく、参加した学者の皆が感じたものが「文明史のひずみ」です。文明史には、重要な部分が欠落している。具体的に言えば、人類史において重要な役割を演じた中央アジア、中東、北アフリカの歴史が抜け落ちているのです。例えば、オアシスルートの調査に参加したアンドレ・グンダー・フランクという学者は、忽然《こつぜん》としてこの「ひずみ」に気づき、『リオリエント』（邦訳＝藤原書店刊）という本を書いています。

その欠落した部分を見ていくと、特に欠落しているのが、なんとイスラム圏なのです。イスラム教は七世紀に現れるのですから、紀元前の西アジアで、例えばシリアやペルシアがすばらしい帝国をつくっていたときに「イスラム」はありません。ところが、古代文明が語られるときに「今のイスラム圏」が欠落している、という事実に気がついたのです。そこに世界史の教科書を書いた西欧諸国の「イスラムに対する偏見」を見ないわけにはいきません。

では、このイスラムとは何かということになってきますが、イスラム（Islam）という語自体は、神への絶対的帰依を意味します。

西暦六一〇年と言われていますが、ムハンマドは齢四十にして、アラビア半島のヒラー山の洞窟《どうくつ》の中で天使ガブリエルの啓示を受けます。これが後のコーラン、すなわち神の言葉の書になるわけです。ここに出てくる天使ガブリエルは、ヘブライの天使であり、キリスト教の天使でもあります。その啓示を受けて、非識字者であったとも言われるムハンマドが教えを説きだしたのです。私はイスラムの人たちと語り合い、コーランを読み、ムハンマドの伝記を読むうちに、だんだんこういうふうに理解するようになりました。ムハンマドのやったことは、ほかならぬヘブライズムの原点への回帰であった、と。それを原理主義と言うならば原理主義です。

しかし、十六世紀の初頭、ルターとカルヴァンの行った宗教改革、後にプロテスタンティズムと言われるものの動きも、キリスト教の原点への回帰という意味で原理主義です。宗教界にはこうした回帰運動が時々起こります。その当時の社会的背景から生まれた一つの大きな動きが、このアラビア半島ではムハンマドの啓示になったということです。

隊商都市に生まれた「生活の掟」

千年以上続くシルクロードの歴史には波があり、コンスタントではありません。その往来は、紀元前二世紀くらいからぐっと高くなって、紀元三世紀ごろに少し落ちます。そして七世紀にまた高くなり、八世紀にはピークに達します。こうして波を打つシルクロードの興亡を見ると、ムハンマドがイスラムを説いた七世紀は、その二回目の興隆期に当たっていることに注目したいと思います。

つまりダマスカス、バグダッド、ペルセポリス、コンスタンチノープル、アレキサンドリア、メッカ、メディナ、アデンにルートがあり、それがインドを経て、シナに達する。その交易ルートが、そこに新しい隊商都市（キャラバンシティ）を出現させる。その中にメッカもあり、メディナもあるわけです。ですから片倉もとこさんをはじめ、いろいろな専門家が言うように、イスラムは確かに都市文明なのですが、そこにはキャラバンシティという性格があります。そうした都市を結び、繁栄をもたらしたのは、まさしく隊商の動きであったわけです。

したがって隊商、つまり多数のラクダを連れて団体で砂漠を横断した商人たちがいなければ、キャラバンシティーズとしての都市文明もなかったわけですから、やはり砂漠の民と切り離すことはできません。言うなれば当時のイスラムは、この隊商都市に起こった生活の掟《おきて》、皆が共に生きるための掟です。したがって、これは非常に実践的なものです。実際にコーランを読まれるとわかりますが、旧約聖書や福音書等と違うのは、生活の実践面を指導するものになっていることです。

さて、アッラーという神は、セム族の神、「アル」のアラビア地方での呼び方です。ちなみにアラビア語には母音の表記がありませんから、これを「エル」と呼んでも間違いではありません。

イスラムで最も重要なシャハーダ（信仰告白）の第一行は、日本語で表記するとこうなります。「ラー・イラーハ・イッラッラー」（la ilaha illa Allah）。神のほかに神はない。板垣雄三先生はこれを「神は唯一である」と訳しています。しかしアッラーという言葉は神という一般名称でありながら、アラビアの神という性格を持っていることは否めません。これはチュニジアのファンタール教授から教わったことです。したがって「アッラーのほかに神はなし」と訳してよいと思います。

アラブ化したイスラム

それでは、ムハンマドは何を行ったのでしょうか。それがヘブライズムの原点への回帰ということならば、またそこで新しいヘブライズムが起こるはずですが、そうではなしに、ヘブライズムがアラビア半島に転移することによって、アラブ化していくのです。それは礼拝という行為にも現れています。

イスラム教徒は日に五回、聖地に向かって礼拝を行いますね。これは非常に大きな宗教的な意味を持っているのですが、世界中の十五億のイスラム教徒がどこに向かって礼拝しているかというと、メッカ（アラビア語では「マッカ」）の方向です。

しかしムハンマドが生きていたとき、彼自身はどこに向かって礼拝していたかというと、エルサレムです。それがムハンマドの死後、だんだんメッカのほうに転じていった。これは象徴的なことです。いわゆる「中心の転移」が行われ、そこにアラブ性というものが生まれてくるのです。

もちろん、イスラムとアラブは同一ではありません。イスラムのほうがはるかに広く、トルコもインドネシアもマレーシアも、アフガニスタンやパキスタンも含みます。しかしながら、ここにどうしてもアラブ性というものが出てくるのです。したがって、世界にはこの二つを混同している人が多くいます。こういうところに、いわゆる中心の転移が現れているのだろうと思います。

メソポタミアからペルシアにかけて、このあたりには非常に多くの進んだ文明がありました。それからギリシアにも文明が起こります。次いで、ギリシアを引き継ぐ形でローマに起こった文明もありました。

ところが七世紀のイスラムの興隆によって、アラビアに学問が導入されます。当時のイスラムは、ムハンマド自身の言葉を引きますと、「知識を広く世界に求めよ。必要ならばシナまでも」でした。現在のイスラム教国を見ると、まったく殻に閉じこもって、ヨーロッパなどの先進国、特にアメリカを否定する姿勢が見られるのですが、ムハンマド自身の教えはその逆であったのです。

「よき国民をつくる教科書」から「普遍的な文明史」へ

そのようなイスラムが、なぜ歴史から消されていくのか、ということですが、やはり私は教科書のせいだと思います。

教科書とは昔からあったものではなく、学制というものが成立してから始まります。ところが、ヨーロッパで一番進んでいたフランスにおいて、義務教育が発足するのは一八八一年です。

ちなみに、これは日本人は知っておいたほうがよいことですが、日本の学制の発布は一八七二年です。世界に先駆けたもので、ヨーロッパより日本のほうが早かったのです。当時の明治政府は、すばらしいことをしました。

さて、フランスでの義務教育は一八八一年から、と言いましたが、それ以来、教科書というものが問題になってきます。ですから、歴史教科書についても十九世紀末からと考えていただきたい。もう一つ、教科書の役割は、民族国家、そして統一国家としての「よき国民」をつくることです。それが教科書が一般の書物と違うところであり、この性格は世界的なものです。

したがって、これはすべての国に言えるのですが、教科書は自国中心に書かれています。例えばアメリカの場合、世界が始まるという感じで教科書に書かれるのはコロンブスから、もっと言えばメイフラワー号以降です。そして、すぐに独立宣言があります。それ以前は前史のようなもので、彼らの出身地であるヨーロッパでさえも、まるで古代のような扱いになっています。これが教科書なのです。もちろん、ヨーロッパ諸国もすべて自分の国を中心に歴史を書きました。

そうした中で、私は各国が普遍的な文明史を書いてくれるようにとの願いを込めて、ユネスコによるシルクロード総合調査を提唱したのですが、そのとき、パリにある東洋専門のギメ美術館のウラジミール・エリセーフ館長に諮問委員会の議長をお願いしました。私が「世界史を書き換えるようなことをやりたい」と申しましたら、「あなたは三十か国の教育省と戦うつもりか」と言われたのを、今でも覚えています。「教育省というのはすべての国において、自国のプライドを植え付けるための機関だ。そのように書かれている歴史教科書を、今、国際機関の名で正そうとするのは、少なくとも三十か国の教育省と戦う覚悟が要る」と。しかし結局は、「文明間の対話の道」という一言が、その三十の国の教育省に置かれたユネスコ国内委員会を動かすことになったのです。

西洋史という学科は急にギリシアから始まっています。そしてギリシアの科学、つまりギリシアの理性が、四世紀にローマでキリスト教に出会い、その二つが合体したとき、「ヨーロッパ」になるのです。

『ガリア戦記』という本がありますが、シーザーの遠征はローヌ川沿いに北上して行き、ついにパリージというケルト人が住んでいたパリに入ります。キリスト教もこの『ガリア戦記』の道を通って、ヨーロッパに入るのです。

こういう歴史の書き方をしていますと、エジプトは例外的に出てくるのですが、ペルシアなどはまず出てきません。ギリシアの敵として、サラミスの海戦に出るくらいです。また、エジプトがギリシアやキリスト教に与えた影響は語られません。つまりヨーロッパの子供たちが習うのは、ギリシアというすばらしい文明が突如誕生したという歴史です。私はこれを「ヴィーナスの誕生のように」と言いますが、ヴィーナスという美の神は、ギリシア神話によると、地中海の泡から生まれます。ボッティチェリの絵にもヴィーナスの誕生がありますね。そういうイメージの歴史を、ヨーロッパの子供たちは習っているのです。日本はそれを訳しましたから、私も中学生ぐらいのとき、そのような西洋史を習いました。そこでは実質的にイスラム世界の貢献があったのに除外されており、この文明の文脈に入りません。

知られざるイスラムの貢献

では、イスラムの貢献として何があったかというと、伊東俊太郎先生も『十二世紀ルネサンス』（講談社学術文庫）に書いておられますが、簡単に述べますと、やはり中心は自然科学です。ギリシアの自然学と哲学の継承と発展、メソポタミアに始まる天文学のさらなる発展、そしてインドの数学概念をギリシアの数学と結んで発展させた、イスラムの数学があります。その中心地は、イスラムが八世紀初頭にジブラルタル海峡を越えて入ったスペイン南部のアンダルシア、それから地中海の島であるシチリア、古代から不動の中心であるアレキサンドリア、ビザンツ帝国の首都であったコンスタンチノープルです。

十二世紀には、そういったところで盛んに起こったイスラムの科学が、現在の西欧に入ってきます。ですから、アンダルシアで十二世紀ルネサンスが誕生したと言ってよいのです。アリストテレスに関しても、全集は分散していて読めなかったのですが、トレドの図書館にはアリストテレスが書いたギリシア語原典からアラビア語に訳したものが保存されていました。そして、これをラテン語に訳すときには、アラビア語に堪能なヨーロッパ人が訳したのではなしに、アラビア人が協力しています。それから重要なことは、この翻訳事業へのユダヤ人の貢献です。つまり、この時期の学問の隆盛にはイスラム、ユダヤ、キリスト教の三者の協働があったということです。それによって、アリストテレスのすべてがラテン語に訳されたのです。このラテン語訳は、直ちに当時の中心的な神学校、パリのソルボンヌに伝わりました。

このときに大きな知的作業として、スコラ哲学というものが興ります。厳密に言えば、スコラ哲学はその前にもありましたが、それがピークを迎えるのは十三世紀であると私は見ています。その十三世紀のソルボンヌで大学者トマス・アキナスがセミナー形式で議論を行い、『神学大全』（Summa Theologica＝神学の集大成）という本が成立します。

その議論に使われた言葉が、リンガ・フランカと言われるものです。これはラテン語ですが、実は本来のラテン語とは違っていて、リンガ・フランカは易しい言葉です。私は京大で高田三郎先生について『神学大全』の日本語訳のお手伝いをしましたが、二年くらい経つと辞書なしで読めるようになりました。そのぐらい『神学大全』に使われているトマス・アキナスのラテン語は易しいのです。

なぜならば、トマス自身もイタリア人であり、スペイン人、バスク人、フランス人、ベルギー人など、各国から集まった国際チームでセミナーを行ったからです。そこで話している共通語、つまりリンガ・フランカがラテン語です。ですから、アウグスティヌスが使ったような非常に難しいラテン語ではなしに、皆が使える易しいラテン語になっています。

しかし、このとき気がついたのですが、トマスは『神学大全』という本を書くとき、アリストテレスのラテン語版を使っているのです。それはトレドでアラビア語からラテン語に訳されたばかりのものであって、ギリシア語の原文は見ていません。トマスはそのラテン語版を使って、プラトンに基づいたアウグスティヌスの神学から転向するのです。

『神学大全』という本は、基本的にはアリストテレスの形而上学と自然学を使ってキリスト教の教義を証明したものです。そこで「キリスト教の信仰とギリシアの理性が合成された」というふうに申し上げたいと思います。そして、このスコラ哲学こそがヨーロッパ文明の中核であり、アイデンティティーであるのです。EUはどうしてもトルコを入れようとしません。正しくこのことが、キリスト教の信仰とギリシアの理性の集大成としてのヨーロッパのアイデンティティーを示しています。

カントが求めていたもの、デカルトがそれを越えようと見ていたもの、そこにスコラ哲学があるということを理解しなければ、近代哲学は理解できません。実はこれはヘーゲルまで続くと考えてもよいでしょう。したがって、キリスト教的形而上学が西洋文明の原理であり、それを覆したものがニーチェであろうと思うのです。

ニーチェとハイデガー、このあたりから西洋文明への反省が明らかに始まります。そのころは情報の伝達が進みまして、スコラ哲学とはまったく異質なものが入ってくるのです。インドへの着目です。このときはまだ日本は入っていないのですが、インドに関しては明らかにニーチェとハイデガーへの影響が見られます。このときヘーゲル史観に対して、キルケゴール、ニーチェ、ハイデガー、ヤスパース、それからサルトル、ガブリエル・マルセルの実存哲学が現れると言われるわけですが、その元にあったのはやはり形而上学であり、スコラ哲学を出発点にしたものです。そこからの転換が近代哲学であります。そこで実存哲学は反哲学というふうに定義してもよいかと思います。

イスラム文明の貢献について、別の具体例を挙げておきましょう。どのくらいイスラムがヨーロッパ文明に入っているかの例証なのですが、例えばフランス語で「数」を表すシーフル（chiffre）という言葉があります。イタリア語では「cifra」ですが、これは十二世紀当時のアラビア語の「sifr」から来ています。アラビア語でつくられた数学が、ヨーロッパの近代科学のベースになったからです。

フランスと言えば、数学の国です。デカルトやパスカルも数学者です。デカルトの方程式は今でも日本の中学校で教えられており、近代数学を形づくっています。パスカルのほうは、気象学で「ヘクトパスカル」という名前まで使われています。そういった国で、基本となる数学の「数」という言葉自体がアラビア語であるのです。ちなみに「Alcohol」や「Algebra」など、「アル」が付くものも語源はアラビア語です。

ある国際会議でアラビアの人と議論をしていて教わったことですが、「sifr」の観念はインドの「Śunya」からきています。「シュンヤ」とはサンスクリット語で「空」です。この空の観念は十世紀ころ、インドから導入されたものだと言っていました。

つまり「ゼロ」の概念が入ってきたことによって、十進法の近代数学が可能になります。この「空」を表す「シュンヤ」が「ゼロ」になったので、「sifr」という言葉も「空」なのですが、そうすると「数」と「空」が区別できませんので、ラテン語で「zehirum」という言葉が成立します。それが「zehiro」となって「zero」という言葉になっていくのです。ですから「ゼロ」も、いわゆるインド的な「空」の概念から生まれてきているということです。これこそが文明間の対話ですね。

では、これだけの貢献をしたイスラム文明というものは、なぜ歴史から抹殺されたのでしょうか。それにはやはり十字軍という事件を無視できません。

一つだけはっきりしているのは、十字軍に対する徹底抗戦という意味で「ジハード」（Jihad）という言葉が使われたことです。「ジハード」という言葉自体は、ムハンマドのメッカ攻略のときに使われた「務め」という意味の言葉です。しかし「徹底抗戦としての務め」、あるいは「聖戦」と訳されるその意味でのジハードという言葉は、十字軍のときに現れたのです。

それから数世紀後、キリスト教の西欧が戦ったオスマントルコ帝国があります。この戦いは、実に二十世紀まで続いています。こういうことが、今のイスラム諸国の歴史からの抹殺につながっているのではないかというのが、私の観察です。

「西洋」と「西洋ならざるもの」の近代

植民地主義というのはご承知の通り、十五世紀の末に起こります。

コロンブスのアメリカ発見は一四九二年です。バスコ・ダ・ガマの喜望峰を回ったインド航路の発見もほぼ同時に起こり、それから大航海時代が始まります。そして十七世紀に科学革命、十八世紀の末に産業革命が起こりますが、それと同時にヨーロッパを覆ったのは、啓蒙主義という時代です。啓蒙主義とは人間が持つすべての能力のうち、理性だけを取り出して、それに絶対的な優位を与えるという立場です。

この十六、十七世紀は非常におもしろいのですが、ヨーロッパでは宗教から科学への転向がありました。川勝平太さんの言ったことを引用させていただくと、同じころに日本では、宗教から芸術への転向を行っています。ところがそのとき、イスラム世界は何をしたか。実はむしろ科学を捨てて、宗教に還っているのです。それがイスラム世界がヨーロッパで言う「近代化」に乗り遅れていく原因になるわけです。

さて、オクシデントというのは西洋であり、理性の光の世界のことです。それに対して、オリエントは神秘の世界です。「西洋の科学」に対して「東洋の神秘」という言い方がありました。キプリングはこう言い切っています。「東は東、西は西、両者は相まみえることなからん」と。

しかし、オリエントとは「東洋」ではありません。それは「オクシデント、すなわち西欧ならざるもの」(「The West and the rest」の「the rest」のほう)の総体です。ですからオリエントは「東のほう」ではなく、ヨーロッパから見るともっと西にあるモロッコのような国までがオリエントです。モロッコ料理のことをオリエンタル料理と言いますね。つまり、オリエントという言葉は地理的なものではないのです。昔のローマ帝国の分裂時代に使われたオクシデントとオリエントの意味は、こうした十九世紀以来の考え方では失われています。

植民地主義の最大の罪は、経済的な搾取を超えて、「精神の隷属」であろうかと思います。つまり宗主国というものが、先ほどの理性主義によって急速に科学を振興させ、産業革命を成功させ、それまできちんとした文明を持っていたいわゆる「The West and the rest」の「the rest」、つまり「その他」の国々を、すべて精神的に下のものと見た。精神的な隷属、これが植民地主義の最大の罪であろうと思います。

そういうことを行った西洋諸国が、このころ、アジア諸国、つまり中国、韓国、そして日本の前に現れます。注意しなければならないのは、それは本当の伝統的な西洋ではなかったということです。しばらく前に自らの精神的な伝統を断ち切った西洋が、東アジアの国々の前に現れたのです。しかも伝統を失った民族、つまり西洋列強が、伝統を維持していた民族を精神的に下位に置いたのです。

日本は十九世紀に、そのように変貌した西洋と出会いました。特にペリーの黒船が象徴していますが、日本にやって来た西洋とはそういうものであったのです。日本人は非常に驚き、まさに危機感を抱いて、鹿鳴館的開国を行います。鹿鳴館、つまり急にヨーロッパ方式のパレスを建てて、いわゆる社交界を開いたのです。紳士淑女が夜会服に身を包み、日本女性も着物から着慣れない長いドレスに着替えて、ヨーロッパ風に踊りました。この鹿鳴館は、今は残っていませんが、実はトルコのイスタンブールに行くと、トルコ版鹿鳴館が実在します。日本の開国を模範とした近代トルコの父、ケマル・アタチュルクがつくったイルディス・サライは、まったく西洋風の建物で、鹿鳴館の面影を偲ぶことができます。

「文明開化」、これは皆さんもご存じの福沢諭吉のキャッチフレーズです。ただし、明治時代には同時に「和魂洋才」ということも言われています。ヨーロッパの学問を学びながらも、日本の魂は保持しようという動きがあったのです。

ところで、こうした十九世紀の鹿鳴館的開国が日本の西欧との接触の最初かというと、そうではありません。日本の近代化は、実は十六世紀から始まっていたことに注意しなければなりません。日本はヨーロッパに対する窓をつくっていたのです。

ヴェネツィアは「東方に開かれた窓」という別名を持っていますが、日本にも長崎という「西に開かれた窓」がありました。もう一つ、忘れてはいけないのが堺です。堺もまた、世界に開かれた窓であったわけですが、なぜ堺のほうはそう言われないのかと申しますと、オランダ船がやってきたのは長崎だったからです。長崎にはオランダ船以外のヨーロッパの国々は入れなかったというのはご承知の通りですが、実は中国船は入っています。堺に来たのも中国船ですが、それがヨーロッパのものを持ってきているわけです。つまり日本の鎖国とは本当の「鎖国」ではなく、西欧の情報はことごとく入っていたのです。

もう一つは、梅棹忠夫さんが『文明の生態史観』（中公文庫）で言う通り、西洋と日本は非常に似ていた点があります。封建社会というものが、近代的統治制度の一つの基本になっていた点です。つまり廃藩置県ということがさっとできた基本には、江戸時代における統治制度があったのです。しかしこれを持ち出すと長くなりますので、今日の主題であるイスラムの話に戻りたいと思います。

イスラム原理主義者の心中にある「恨」

私は十五か国以上のイスラム国家の知識人と出会う中で、前々からイスラムの「恨」（ハン）というものを考えてきました。それは先ほど少しだけ例を挙げたような、世界史におけるイスラムの貢献を完全に無視されていることに対する、無意識のうちの恨みがある、ということです。無視されるということは本当の差別です。これは、忘れてはならないことです。

イスラム原理主義者の心中にはこの無視＝不公平に対する恨（ressentiment）があります。ルサンティマンはフランス語ですが、ニーチェの本でもそのまま使われています。そして、マーディ・エルマンジャラという人が出した本によれば、それは屈辱(humiliation）という感情になるのです。

こうした感情が、テロリストの一番の深いところにあるのではないでしょうか。いわゆる人間の尊厳の無視に対する「恨」です。ですから、本当は貧富の格差でテロを語ってはいけないのです。つまり、文明史を語るにあたって消去法によりいじめてきたことこそが問題なのです。人間の尊厳を損なう正義の欠如、すなわち不公平こそが真の原因である、と私は思っています。

「力の文明」を精神文明の上位に置き、相手を力でねじ伏せるという従来のブッシュ・ドクトリンは、ゾロアスター的善悪二元論に帰着すると言えます。自分が善＝文明を守るもの、相手は悪＝文明を壊すもの、と決めつければ、戦争は終わりません。暴力には暴力が、憎悪には憎悪が返ってきます。対話路線を掲げるオバマ大統領の新しいアメリカに期待したいですね。

地球環境問題を直視したグリーン・ニューディール政策も、国際社会との協調の姿勢も、評価すべきものです。今までの「アメリカと世界」という構図を脱し、アメリカが再び真に「世界の一員」となってくれることを期待します。

そのためには異文化理解が必要ですが、その点、私はまだいささかの危惧を持っています。例えば、イラクからの撤退と同時にアフガニスタンに兵力を投入するという外交政策は、この地方に住む民族に対する無知から発したものとしか思えません。この山岳地帯に進攻した者は、ダレイオス、アレクサンダーを含め、最近のソ連軍まで、すべて撤退を余儀なくされているのです。

日本とイスラムを結ぶもの

さて、日本とイスラム世界とでは、何か一致するものがあるでしょうか。モスクを見たときに皆さんが感じる違和感、これはそのまま認めましょう。また、きわめて厳しい超越的一神教の戒律の世界と、八百万の神々の世界、戒律不在の精神風土を持つ日本とでは、およそ別世界の感を抱く人が多いのではないでしょうか。

しかし、実はこの両者には思いがけない一致点があるのです。まず、日本の多神教は、実は「現《うつ》し身」（表れ）である諸々の神仏を通して一者を透視する、限りなく一神教に近いものです。ここに、イスラムの根本的な概念であるタウヒード（Tawhid）との類似性を見ることできます。

タウヒードの思想は、政俗不二、あるいは政教一致と訳されますが、もとは「一なる神が万物に顕現している」の意です。早くにイスラムが渡来した中国・泉州の回教寺院である清浄寺に掲げられた扁額に「萬殊一本」とあるのがそれです。これは「一切即一、一即一切」とする華厳の思想、また、禅の「一即多、多即一」に通じるものです。神が万有に顕現している、とは「草木国土《そうもくこくど》悉皆成仏《しっかいじょうぶつ》」を説いた日本の天台密教「天台本覚論」の思想と一致するものです。

ですから、イスラムにおける「一なる神の創造主」という性格を除けば、その思想にはわれわれの世界と通底するものがあるのです。モラロジーの創建者・廣池千九郎も「万有相関」を「相互依存の法則」と表現しています。

日本は欧米に先立ち、二〇〇二年から「日本―イスラム文明間対話」を開始しました。これはユネスコの主導した「文明間対話・国際年」の二〇〇一年、中東を訪問した時の外務大臣・河野洋平氏の提唱に、イスラム諸国がこぞって応じたもので、外務省中東局が事務局となり、東京とイスラム諸国を結んですでに七回開かれています。私はそのうちの五回に参加しましたが、二〇〇八年、サウジアラビアのアブドラ国王は、この会議の折に自ら考え抜いた「宗教間対話」の決意を発表されました。それが直ちにメッカの全イスラム会議、マドリッドでのカルロス国王との共催になる三百名の参加者を集めた世界宗教の対話会議、さらにはニューヨークの国連本部での大々的な「平和の文化」シンポジウムとなったのです。これには十名の国家元首が出席しました。

このようなイスラム文明との対話は、継続することに意義があると信じます。ラテン語のことわざに「Virtus est habitus」とあります。継続が「Virtue」、すなわち力を生み出すのです。

【コラム】人は形を求める

聖は高く、いのちは深い

人類の顕著な文化遺産を見ていくと、そこに通底するものがあることに気がつきます。その一つは「聖なるもの」(Sacre)への指向、もう一つは「いのち」(Anima)への指向です。前者は高みを目指し、後者は深みを求めます。この二つがほとんどの世界遺産の形に表れています。サクレは、ユーラシアの西方の砂漠地帯では空の高み、人間を超絶した天に求められたものです。一方、ユーラシアの東方に住む人々の深層に宿るアニマとは、いのちであり、魂であり、大自然と切り離せないものです。しかし、この二つはまた、文明間の対話により微妙に結び付き、渾然一体となっていることが多いのです。それが古代から「形」を生み出してきました。なぜなら人間とは形を求める存在だからです。

この見地から人類の文化遺産を見直すと、エッフェル塔がピラミッドに、ヴェルサイユの庭がタージ・マハルに、ボロブドゥール寺院がマヤのククルカンの神殿に結び付いてきます。インドに生まれた聖なる四方位を持つヴァストゥという結界の観念は、アンコール・トムの都市計画となり、さらにそれは、バビロニアで生まれた囲まれた園、エデンの園の四分割庭園の形と結び付いていたことに気がつきます。

世界宗教も形による

人は形を求める。このことはまた、人間が完全な存在ではなく、何ものかによらねば生きられない、その意味で弱い存在であることを示しています。

世界宗教と言われる仏教の歴史を見てみましょう。ゴータマ・ブッダが生まれたとされるのは紀元前六世紀、サルナートでの五大弟子への初転法輪から半世紀、その入滅に至るまで、教えに帰依する人々は徐々に増え、数百人に上ったと思われます。しかし、教えを守る人々が出家し、僧林を創っても、それはあくまで民族宗教の域を出ないものでした。

それが飛躍するのは、前三世紀、戦いに倦《う》んだマウリヤ王朝のアショーカ王が、アヒンサー（不殺生）を説く仏教に帰依し、インドの西北のバクトリアやガンダーラ地方にその勅令が及んだときです。仏教はアレキサンダー大王の道を経てこの地に根付いていたヘレニズムの美術に出会い、さらに一世紀からは、この地の支配者、クシャーナ王朝のカニシカ王の庇護を得、ついにそれまでタブーとされていたブッダ自身の姿を形にすることになるのです。形を持つ菩薩たちもここで誕生しました。仏像の出現と共に生まれたのが大乗仏教です。

もともとのインド教の上にギリシア美術、ゾロアスター教の神々の要素まで取り入れたこの新しい仏教は、直ちに東進を始め、四世紀には長安の窓である敦煌《とんこう》に最初の洞窟寺院が創られました。世界宗教の誕生です。日本への伝来については諸説ありますが、百済の聖明王が五三八年、大和王朝に仏典と金色の仏像を献上したとするのが有力です。実はそれまでもいろいろな経路で仏典は入っていました。しかし偉大なる仏教の庇護者、聖徳太子が現れることになるその後の仏教の普及は、このときの仏像の出現と切り離せない、と私は考えています。このような形の力、それを端的に物語るのが七五二年に開眼供養が営まれた奈良の大仏の建立です。

キリスト教もまた形を創りました。十字架と聖母像、そしてミサです。それはイエスの最後の晩餐《ばんさん》の再現で、それによってこそイエス・キリストの愛と犠牲の教えは世紀を超え、現代まで累々と伝えられたのです。さらに儒教では、孔子の「仁」が形を取ったものを「礼」であると考えれば納得がいくでしょう。

イスラームは偶像を排しましたが、それこそが形を創り出したものです。それはモスクの精緻《せいち》を極めた文様となり、メッカに向かっての二十億人の一日五回の礼拝となりました。

第四章　激動する世界と日本文化

＊本稿は、二〇一〇年一月二十三日、モラロジー研究所において行われた「平成二十一年度モラロジー研究発表会」（主催＝道徳科学研究センター）における講演に基づくものです。同日は、これに続いて所功・京都産業大学教授が「今上陛下の具現される最高道徳」と題して講演を行いました。

〈初出誌＝道徳科学研究センター『モラロジー研究』第六十六号〉

ただいま廣池幹堂理事長、岩佐信道・道徳科学研究センター長からお話がありましたように、モラロジー研究所は急速に国際化に向かっています。日本は世界の中にあるのですから、それは当然のことです。しかし、その世界といかに対話していくのか、われわれは果たして発信すべきメッセージを持っているのかどうかは、深く問わなければならないことです。

そこで今日は、後で皇室の専門家であられる所功先生のお話がありますので、その本題に入ります前に、世界の現状の中での日本の立場というもの、そして日本の文化というものがもし存在意義を持つならば、それはどのようなものかという、いわば導入部を、私は務めてみたいと思います。

世界に見る二つの「原理主義」

ご存じのように、現在、世界は激動の中にあります。そして政治的・経済的な激動と共に、地球環境が、あるいはごく近い将来に破壊されるのではないかということが、日夜報道されるようになってきています。私が申し上げたいのは、この二つの問題は同根である、つまり同じことの二つの表れであるということです。

現在、日本も金融危機、経済危機の影響を被り、いろいろな問題が起こっています。景気は沈滞し、非常に苦しい生活を余儀なくされる人々が増えました。しかしながら、私はこういった問題は、経済的あるいは金融の危機というような問題ではなく、もっと大きな「地球文明の危機」というふうにとらえるわけです。

世界の現状を見ますと、まず中近東に起こっていることがあります。あの九・一一事件、イラク侵攻、アフガニスタンへのアメリカの三万名に及ぶ増兵。果てしないタリバーンとの戦いという出口の見えない戦争に、今、世界は突入しています。そして、両者がこれを聖戦だと言っています。一方は「自由と民主主義を守るためのテロとの戦い」という聖戦の論理です。それから、もう一方のアルカイダ、あるいはタリバーンが使っている論理は「ジハード」、やはり聖戦です。すなわち二つの「聖戦」がぶつかる形になっていますが、これが二つとも、言うなれば一つのテロの形を取っているのです。一方は、群集に紛れて飛行機をのっとるという、姿を見せないやり方。もう一方は、政府と軍隊が姿を見せるやり方です。しかし双方とも、この「聖戦」という大義名分を掲げる限り、テロの行為に走っていると見ることができます。

もう一つの大きな問題は、地球資源の収奪、あるいは簒奪《さんだつ》という問題です。これが現在の地球環境の破壊を招いているわけですが、そこにあるものは、自由市場を拡大していくという欧米発の理論です。それは市場原理主義と呼ばれ、これまた「原理主義」です。したがって今、宗教の名のもとに戦っているものを原理主義と言えば、経済面での原理主義も出現していることになります。

アメリカで生まれた金融工学というものは、まさしく数字の操作ですが、それが電子マネーという形で、あらゆるものを食い尽くしています。現在、札束ではなく、電子というバーチャルな形で毎日一兆ドル以上がこの地表を飛び交っており、このしくみをつくり出した経済学者がノーベル賞をもらうという結果になっています。そこで貧富の格差はさらに広がり、世界中に貧困が拡大しています。日本でも貧困の問題は大きく取り上げられていますが、この金融工学を発明し、市場原理主義の旗手となっているアメリカでは、映画監督のマイケル・ムーア氏の言葉を借りれば、一パーセントの人が、下位の九五パーセントの人々が持つ富より多くの富を持っているという社会が出現しました。こういう構図が、世界的に広がっているのです。

一方、新興国と言われるものがテレビや新聞をにぎわしていますが、近年の中国やインドの成長は著しいものです。日本経済も中国経済の進展に誘われて、多少助かっている面があるという人がいますが、これがすべてよいことなのかという問題があります。日本を約五十年遅れで追いかけ、今、急成長を遂げているアジアの国々に見られるのが、著しい精神性の欠如です。現在、中国に参りますと、仏教はおろか、儒教も道教も感じられません。そこに唯一あるのは拝金主義です。かつての中国人が持っていた儒教や仏教に代わって、宗教のように拝金主義がのさばっているのです。それが現在、中国が導入した資本主義とマッチして急成長を遂げているのですが、政治と経済体制の矛盾は明らかです。資本主義とは、だいたい欧米の民主主義の成立と同時に起こったものであり、本来は民主主義を地盤とするものです。それなのに一党独裁という形を続けているのは完全な矛盾ですから、いつか破綻《はたん》を来すことも予見されるわけです。

今こそ価値観の「リセット」を

現在の世界を見ますと、「指導者なき世界」ということが言えます。

パクス・アメリカーナ（アメリカの平和）とは、アメリカが地上に一種の平和をもたらしているという考え方です。かつて、ローマがヨーロッパ、地中海、インドまで平定した時期にはパクス・ロマーナということが言われましたが、その言い方をまねたものです。このパクス・アメリカーナは終わりに近づいていますが、これは悪いことではありません。単独行動主義のブッシュ政権から代わったオバマ大統領が、国際社会との協調ということを言いだしたのは、非常によいことです。しかし同時に、経済力を失ったアメリカが今や完全な指導力を失ったということも、また事実です。すなわち、世界は一極的な支配関係から多極化しているわけです。

多極化と言っても、それをまとめるものがなければなりませんが、世界国家というものはありません。国連もまた、世界国家ではないのです。Ｇ８があるではないかと言われますが、G8は三十数年過ぎて、もはや老朽化しており、かつてのインパクトはありません。そこで最近は新興国の中の経済的な大国を入れて、G20というグループができましたが、これもいまだ未熟で、大きな力を発揮するに至っていません。

世界ではグローバリゼーションが進んでいます。これは何を意味するかというと、十八世紀の後半から生まれてきた民族国家（nation-states）という概念が解消に向かっているとも言えるわけです。多国籍企業というものは、すべての国に資本家がおり、仮にその本社はどこかにあっても、すでに「どこの国の企業」とは言えない状況にあります。こうした企業が電子マネーと市場原理によって世界を支配しつつあるというこの状況は、価値の単一化を生み、人類文明の危機を招いているのです。

映画にもなりましたが、西暦二〇一二年はマヤ暦による予言の年であり、終末の時が来るということが話題になりました。しかし、実はマヤ文明を研究している人は、そのようには読みません。なぜならば、マヤではツォルキン暦という宗教の暦とハーブ暦という太陽暦、二つの暦が歯車のようにかみ合って動いており、五十二年ごとにマヤの歴史はリセットされ、新しいものが生まれていくという考え方です。そして二〇一二年とは、マヤ暦の起源から数えて五千二百年目、つまり百回目のリセットに当たります。そこに大きなリセットがあるという、一つの予言であるわけです。

そこで、これを「二〇一二」という映画に描かれるような天災による地球滅亡の年ではなく、われわれの生き方をリセットする時と考えるのです。このまま行くと環境は完全に破壊されますから、マヤが予言した二〇一二年を、われわれの価値観のリセットの時にしなければならない。それは端的に言いますと、市場原理主義からの脱却です。これを今年から二年の間に行えるかどうかという問いであります。

これからは「多様性こそが人類の世界遺産である」という哲学が理解されなければなりません。これは廣池理事長がよく言われる「互敬の精神」、すべての文化、すべての文明を敬うということにも通じるものです。

二〇〇一年のユネスコ総会では「文化の多様性に関する世界宣言」が採択されました。その第一条に、非常に重要なことが書いてあります。「自然界に生物多様性が不可欠なのと同様、人間の生存には文化の多様性が不可欠である」。これは、実は一九九五年に東京で行われたシンポジウムでの、ジャック・イヴ・クストーの証言に基づくものです。これもやはりユネスコのシンポジウムが生み出した結論なのです。文化の多様性というものと生物多様性が、同じように動いている。さらに、これが単なる類似ではなく、有機的に結ばれているということを、昨年（二〇〇九年）亡くなった偉大な文化人類学者、レヴィ＝ストロースが証言しています。

「二万分の一」の時間に起こった異常事態

このように考えていくと、文明の概念に対する曲解があったのではないかということになるわけです。すなわち、東アフリカに人類の祖先（猿人）が現れたときから数えると、人類の歴史は約六百万年と考えられますから、近代史の三百年というのは、その長い長い人類史から見ると、二万分の一の時間です。その間に非常な異常事態が起こったのではないか、ということです。

これを引き起こしたのが、十七世紀の科学革命です。伊東俊太郎先生は、人類は人類革命、農業革命、都市革命、精神革命、科学革命という五つの革命を経験してきたという五大革命説を唱えておられます。思い起こしていただきたいのは、最初の四つの革命が世界各地で同時多発的に起こっているのに対して、科学革命だけはヨーロッパという一地域だけに起こっている点です。それはなぜかを吟味したいと思うのです。

例えば精神革命の時代というものは、ドイツの哲学者カール・ヤスパースが指摘した「枢軸の時代」と合致します。モラロジーの創建者である廣池千九郎先生もまた、同じところに着目して、この時代の精神的な指導者を扱っておられます。

ところが十七世紀の科学革命は、なぜ同時多発的に起こらなかったのでしょうか。例えばアジアでも、中国はそのとき最先進国でしたし、インドも進んでいましたが、科学革命はそこでは起こらず、ヨーロッパで起こった。この原因を、私は十六世紀以来のヨーロッパ特有の宗教と自然科学との熾烈《しれつ》な戦いにあったと見るのです。

これは、実はルネサンス以来、起こっていたことでした。ルネサンスとは、中世のキリスト教に基づくヨーロッパによるギリシアの再発見（そこにはアラビア、イスラム文明の貢献もありました）ですが、そのギリシアとキリスト教とは、全然別物です。この再発見によって、キリスト教の教理はすでに矛盾に立たされていました。あくまで理性を中心にするギリシア的手法が、自然科学を生み出すわけです。その十五世紀から始まる文明的矛盾の時代、十六世紀、そして十七世紀に至るまでを、ヨーロッパは二重真理説というもので切り抜けていき、ついには自然科学が勝ちます。この熾烈な戦いが、一種の発射台のようにヨーロッパという一地域を発進させ、また、科学革命を生じさせた原因である、と私は考えるに至ったわけです。

そういった科学革命を経てでき上がってきた近代文明というものはなんであるかと言いますと、理性至上主義、啓蒙主義です。

ギリシアの理性というものが至高の価値として置かれたとき、人間のほかの能力は下位に置かれました。しかし、人間は理性的動物であっても、理性だけで生きているのではありません。理性、感性、それからもう少し深いところに霊性というものがあります。理性・感性・霊性の三つが渾然一体《こんぜんいったい》となって生きているのが人間です。ところが啓蒙主義の時代には、その中の理性をトップに持ってきて、その他の能力を軽視します。それが自然科学を発達させはしましたが、ほかの弊害を生んできたのです。

啓蒙主義とは、別の言葉で言いますと、男性原理に立ったやり方です。また、自然を客体化します。自然は人間という主体の外にある「客体」とされますから、それは征服や所有の対象になるのです。そしてバリューフリー（Value Free）、つまり「価値（善悪）を問わず」ということが、科学の基本的な態度です。今から約二十年前、クストーから「Science is value free」、つまりサイエンスは価値を問うものではないということを指摘されたとき、本当に愕然《がくぜん》としたのを覚えています。これが結局は、大量破壊兵器に行き着く科学の本質です。

人のモノ化、質の数量化、自然の簒奪、かけがえのない地球の破壊、こういうものに全部が結び付いていく、ここにいびつな人間像があります。これを私は「物質的には進歩しても、精神は砂漠化した」と申し上げたいわけです。

近代日本が出会った「西洋」

ところが、そうした西洋発の近代文明が唯一の文明であると言われた時代は、長く続きました。この西洋が幕末の日本に姿を見せ、黒船の姿に驚愕して日本も開国したとき、「西洋＝文明」に見えたのです。だからこそ文明開化、脱亜入欧が叫ばれ、その中で日本の魂だけは守らなくてはならないということが和魂洋才という言葉になっています。司馬遼太郎の『坂の上の雲』が描くのは、日本が西欧列強に並ぼうとする試みです。このときの文明はシビリゼーションズ（civilizations）ではなく、単数のザ・シビリゼーション（The Civilization）へ向かおうとした試みであったのです。

しかしながら、その文明の実態は、実は本当の西洋ではなかったということを申し上げたいわけです。西欧という世界は、日本よりも古い歴史を持っています。ギリシア以前のエーゲ文明も、フェニキアの文明も、すべて西欧です。そこから長い長い歴史を経て、キリスト教が入ってきて、中世を迎えます。この間にはケルト文明もありました。そうした長い歴史を持った西洋には、やはり文化的伝統があったのですが、これが男性原理へと転換したのです。理性至上主義が打ち出されたのは、実は十八世紀です。日本は、このときに生まれた「実態を変えた西欧」と出会ったにもかかわらず、それが本来の西欧だと思い込んだということです。

この変身は、非常に短い時間で行われました。先ほど、近代文明の時代は人類史の二万分の一と言いましたが、そのまた半分以下です。結局、日本が開国した十九世紀の中ごろを考えますと、ヨーロッパはその前のたかだか五、六十年前に変身したものなのに、そんなすばらしい大文明がずっとあったかのごとくに姿を現した。それが日本を驚愕させたのです。ペリーが四隻の黒船を率いてやって来たとき、日本人は「あんな巨大な黒船が四隻も」と言って、上を下への大騒ぎになりました。ところがペリーは、そのとき四隻「しか」集まらなかったと言っています。それほど急ごしらえな西洋が現れた、ということです。

物質文明、力の文明というものは、目に見えるものですから強いものです。しかも医療や交通、通信といった分野で人類に大きな福祉をもたらしたことは、認めなければなりません。したがって、それにすべての人が引き寄せられたのです。

しかしながら、私が注意を引きたいのは、そのとき人々の関心は「存在」から「所有」に移っているということです。つまり、私という人間の「存在」ではなしに、私が何を持っているかという「所有」のほうに関心が移っているのです。エートル(Etre＝存在)というフランス語は、英語では「to be」となり、うまい単語がありませんが、フランス語では、エートルに対してアボアール（Avoir＝所有）と言います。

一つ、おもしろい偶然を付け加えておきますと、アボアールという語に見えるア（a）は、インド・ヨーロッパ語族に共通する否定詞です。ボアール（voir）は「見る」ということです。ここにアがつくと「見えない」となります。これは言葉が偶然そうなっているのですが、私は学生のころ、それに気がついたとき、アボアール（所有）が増えていくとア・ボアール、つまり「物が見えない」ということになっていくのではないかと考えました。それが先ほど申し上げた精神の砂漠化に通じるのです。

「普遍」から「通底」へ

その唯一と思われた文明ですが、ここに「普遍」という概念があります。しかし私は、これが本当に使ってよい言葉かどうか、疑問を持っているわけです。

なんとなれば、ユニバーサル（universal）という言葉は、ラテン語で「一つに」という意味のユニ（uni）と、「向かう」という意味のベルソ（verso）から成り、「一つに向かっていく」ということです。その「一つに」が前提にされていることが問題なのです。それは理性的、西洋的、男性的なものです。

例えば、カトリックという言葉自身がユニバーサルという意味で、普遍的な教会、公教会です。私が尊敬しているヨハネ・パウロ二世、前の法皇は、いろいろな宗教と対話をしました。これはすばらしいことですが、その対話は、究極的には相手がバチカンのほうへ来なければならない。自分が変わっていくのではなく、皆が私のところへ来てくださいという結果になるわけです。それがユニバーサルの問題点です。

普遍という言葉は、非常に西洋的なものであると同時に、これがまた上下関係を生み出したという点にも注意しなければなりません。つまり、ユニバーサルが上位なのです。それに対して、特殊なものは下位に置かれます。それが非西洋文明が非常な不利に立たされた理由です。それがまた、差別の対象になっていくのです。

この差別は、実は「理性的」に関係しているのです。まず、きらびやかなヨーロッパの文化を知っておられる皆さんは、向こうでは女性はすばらしい地位にあるのではないかと思われるでしょう。しかしヨーロッパの女性たちは、日本の女性ほどの平等な立場を持ってはいません。フランスのように一番進んでいると思われる国でも、女性が参政権を得たのは一九四六年です。また、男性が子供を国外に連れ出すときは、なんの問題もありません。しかし、奥さんのほうが子供を車に乗せて国境を越えようとしたら、父親の承認書が必要でした。そのぐらいの差別があったのです。

なぜ女性が差別の対象となったのかというと、完全に理性オンリーで動けないからです。女性においては理性と感性が交信している。それが差別の対象になるのです。また、子供はまだ理性が完全に使えないから差別する。戦後、国連で子供の権利憲章ができたときに、初めて子供の権利が保障されます。同様に、西欧以外のすべての民族が差別の対象になりました。これは顔かたち、皮膚の色というようなことが原因ではありません。彼らはインドでもアフリカでもアジアでも、理性・感性・霊性が渾然一体となって生きていたからです。だから彼らは野蛮人だと言って差別され、それを文明化するという名の正当性が与えられた。それが植民地主義になっていくのです。

そこで、最近現れてきた「トランスバーサル」(transversal)、すなわち「通底」という、新しい考え方をご紹介したいと思います。これは反理性主義ではありません。

むしろ、新しい理性主義です。今まで軽んじられていた感性・霊性と響き合う理性でありますす。つまり、これこそが全人的、ホリスティックなアプローチです。

この立場に立つと、かつてザ・シビリゼーションと言っていた時代から、野蛮人とされた世界の各地に文明があったことを認め、違いを尊重していこうという立場になります。『論語』の言葉を引き合いに出すと、普遍とはユニバーサル、つまり一つに向かうという意味が根底にありますから、「同じて和せず」です。それに対し、通底は「和して同ぜず」。こちらが君子の立場であり、「同じて和せず」は小人の立場です。

古代に通底する叡智

この立場から見ていくと、万有相関という宇宙の実像が見えてきます。インターコネクテッドネス（interconnectedness）。これは、岩佐さんが先ほど紹介されたモラルサイエンス国際会議でも、議論された点です。通底の文化論の帰結であり、「森羅万象は相互につながっている」という認識が可能になります。また、廣池千九郎先生が

『道徳科学の論文』の冒頭に書かれている宇宙認識であり、万物に相互依存の法則があるということです。それは物質の文明論ではなく、生命の文明論へ向かうものです。

このことを科学的に証明した会議がありました。一九九五年、ユネスコ五十周年記念として、東京の国連大学で開かれた「科学と文化――未来への共通の道」というシンポジウムです。その記録は、麗澤大学出版会から全訳で出ていますが、「東京からのメッセージ」というコミュニケの中に、驚くべき表現があります。「『部分』の中に全体が包含され、『部分』が全体に分散されている」。これは参加者であるアメリカの量子物理学者が書いた言葉ですが、この存在論はすごいですね。これを私は「全は個に、個は全に遍照《へんじょう》する」と訳しました。それは「一即多、多即一」という禅の教えにも、華厳経で言う「一切即一、一即一切」にもつながります。かつて、西欧の理性の世界では矛盾に見えた「即の論理」を可能にする論理が生まれるわけです。

これに限らず、イスラムにはタウヒードという言葉があり、それは政教一致、あるいは政教不二と訳されます。これに対し、政教を分離しているのがフランスなどのやり方です。そのタウヒードという言葉の存在論的な意味は、神が万有に顕現しているという意味です。ですから華厳経とも結び付きますし、ウパニシャッドの有名な「梵《ぼん》我一如《がいちにょ》」にも通じます。すべて世界の古代の知恵は結ばれてくるのです。

こういうものを追究するために、道徳科学研究センターはその主導者となって、パリのユネスコ本部で、ユネスコと共催の形で「文化の多様性と通底の価値」というシンポジウムを開きました。さらに二〇〇七年、ユネスコと国連大学との共催で「文化の多様性への新しい賭け」というシンポジウムを行っています。

忘れられた「生命の樹」

文化・文明が唯一の西洋型・男性型・理性的・科学的な文明だけでなく、ほかの形の文明もあるというふうに考えていきますと、今、地球を救うものとして浮上してくるのが、日本もその一員として共有している東アジアの豊穣の三日月地帯の生命観です。

日本から韓国、海洋中国、インドシナ半島のすべての国やインドネシアまでも含む大きな三日月地帯には、母性原理という価値観が存在します。大自然の中に、一つの大いなるいのちの循環を見る宇宙観です。森、山、川、海の中には水が循環しています。川となり、海となり、蒸気となり、雲となり、雨となる。この中に大きないのちの循環を見るのです。この見方が、日本のみならず、海のアジアと言ってもよい、西太平洋の一帯に遍在しています。これは完全に新しい「いのちの文明論」と言えるものです。そこでは時もまた円相を描きます。そこにあるのは母性原理です。鶴見和子さんの言葉を紹介すると、母性原理とは、いのちの継承を究極の価値とすることです。

したがって、われわれの目指す新しい理性主義とは、通底の理性主義です。そこでは理性・感性・霊性のバランスを重視します。このバランスが非常に重要です。これは結局「和」、ハーモニーということにも関連してくる言葉であるのです。

その見地で世界を見ると、かつて世界の各地に「アニマへの志向」というものが存在したことに注意したいと思います。アニマとは、いのちであり、霊魂です。それをすべての文明、すべての文化が志向しているということは、パリのシンポジウムで、チュニジアのファンタール教授が指摘し、全員が賛成したことです。われわれが求めているのは、科学革命により失われた全人的人間像の回復であるのです。

これを聖書の世界に当てはめてみましょう。創世記のエデンの園の物語では、人間は蛇に唆《そその》かされて知恵の実を食べ、そこから人類の堕落、原罪が始まることになっています。しかしそのために、人間は神のようになって、世界を制覇していくのです。蛇が「これを食べたら神と等しくなる」と言った通りです。つまり蛇は嘘を言っていません。それを食べた人間は、自分が神であるかのごとくに動き出したのです。

もう一つ、多くの方が気がついていないことは、エデンの園には、実はもう一本の樹があったということです。創世記を読み返してください。二本の樹があり、一つが知恵の実をつけた知恵の樹。もう一つが生命の樹です。知恵の実を食べた人間が神と等しくなっていく物語があまりにも拡大化されたことで忘れ去られたもの、それは生命の樹の伝統です。生命の樹を忘れていくのが人類史ではなかったかということです。

日本の文化力

「力の文明」から「生命の文明」へ、「物」から「心」へ——これが今、日本人が発信すべきメッセージです。

「日本は急速にヨーロッパの科学技術を吸収して、わがものとした。しかし私の願いは、日本人が西洋の先を行く、みずからの偉大な価値観を、そのまま持続し続けてほしいということだ。その価値観とは、美的感覚に恵まれた生活の仕方、必要とするものの簡素さと倹しさ、心の安らかさである」

これはアインシュタインが一九二二年に訪日した際、言い残した言葉です。

もう一つの言葉を引いておきます。一九六七年、伊勢の神宮を訪れたイギリスの偉大な歴史家、アーノルド・トインビーは、神宮の境内に立ったときにこう書き残しています。

「この聖なる地に立つとき、私はすべての宗教の底に横たわる一なるものを感じる」

まさしく「通底するもの」です。これが所先生の講演に移る懸け橋です。

日本は軍備を放棄し、経済大国になりました。しかし、経済だけではなく、本当の日本の力は文化力です。トインビーが感じたもの、アインシュタインが感じたもの、それからポール・クローデルも「敗戦によってすばらしいこの文化がなくなってはいけない」ということを言っています。この文化の底にあるものは、ハーモニーに満ちた母性原理であり、いのちの文明です。これを発信することが、市場原理主義による人間の精神の砂漠化を食い止める、日本の貢献ではないかと思うのです。

世界にはいろいろな文明があります。廣池千九郎先生も取り上げたように、ソクラテスという人が象徴的に出てきますが、まずはギリシアの文明。それからキリスト教、孔子、仏陀。実はこの精神革命の時代、ヤスパースの言う「枢軸の時代」とは、紀元前六世紀から四世紀ごろの期間ですが、安田喜憲先生は、その前に気候変動があったと言います。人間の生活が非常に厳しくなって、急に精神的な指導者が各地に現れる。それは非常におもしろい指摘です。しかし、それとは別に指摘しておきたい点があります。この四人とも男性であるのみならず、その説き方はかなり男性原理的であるということです。

ところが、それと同じ地域に、精神革命より前に存在していたものがあります。エーゲ文明、ケルト文明、エジプト文明などまでさかのぼると、そこには大地母神を敬う女性原理がありました。ところが、わが日本と東アジアでは、ここにあった根底的なものが、そのままつながってきています。もちろん欧米の文明のおかげで、今ではわれわれ自身もその心を相当失っていることは否定できませんが、根底的には、われわれは母性原理の精神を持っているのです。これを見直すということです。

男性原理、力の文明が出現する前にあったものは、まさしく世界的に通底しているのです。これがヨーロッパでは、磔刑《たっけい》のキリストよりも聖母を愛するという、聖母信仰の形で現れます。

廣池千九郎先生は、精神革命の時代の四人の聖人の後にもう一つ、日本の伝統について書かれています。文明の深みはすべて不文律です。ケルトにおいてもエーゲ海においても、インドネシアにおいても「言挙《ことあ》げせず」なのです。論理の世界にもすばらしい精神文明が生まれたということを、もちろん肯定しながら、言挙げしない一つの文化的伝統があり、特に現在の地球の現状を考えるときは、こういうものこそ見直さなければならないのではないかというのが、私の考えです。

【コラム】 エデンの園の忘れられた樹

母なる大地の叫び

エデンの園には二本の樹が生えておりました。生命の樹と知恵の樹です。人類の歴史とは、実は蛇に唆されて禁断の知恵の実を食べてしまったアダムとイヴ、つまり人間が、神がその園に植えておいたもう一方の樹、生命の樹を忘れていく歴史でした。

多くの人は蛇がイヴを欺いたと考えますが、「この実を食べればおまえは神のようになる」という蛇の言葉に嘘はなかったのです。事実、霊長類の一つの枝である人類は、やがて平原を、川や海を、山と森を、そして生き物のすべてを征服し、神のように地球の主となっていきます。二十一世紀の今、人類の横暴によって、母なる地球は破壊されつつあります。

アーノルド・トインビーは、その遺書とも言うべき『人類と母なる大地』でこのように述べています。「人類は母なる大地を殺すのであろうか、それとも救うのであろうか……仮に母を殺す罪を犯すなら、それ以後生き残ることはできないであろう」。

知恵の実を食べ、物事の善悪を知ったはずの人間が、なぜこのような事態を招いたのでしょうか。

私は、人間がその後取得していったものが「知」(理性が取得するもの)であっても「智」(知・情・意の総体で取得するもの)ではなかったことに由来すると思います。

特に十七世紀の科学革命以来、重要視されたのは明晰な理性でした。デカルトは理性を人間の能力の最高位に置き、自らの身体を含む自然のすべてを「対象」としました。理性が主体となり、その主体は神のごとくに地球に存在するすべてを見ることになったのです。この立場を科学主義と呼びます。このような冷徹な目が、自然の中に自然の法則を発見していきます。ニュートンは万有引力を発見し、ガリレオはコペルニクスの地動説の正しさを証明しました。人間は物質文明を飛躍的に発展させ、ベーコンの言う「知は力なり」を実証していきます。

「力」から「美」へ

人類は古代より「真・善・美」という三つの価値を語ってきましたが、科学革命の時代、語られたのはひとえに「真」のみでした。この科学的真理の追究から産業革命が導き出され、ヨーロッパはこのときから地上の覇者となりました。それは「力の文明」で、それが「善」とされました。

しかし、ここで人間には大きな変化が起こりました。「〜である」ではなく、「〜を持っている」、つまり「存在」から「所有」への人間価値の転換です。お金を、権力を、領土を持つ人、または民族が偉い！――これが所有の対象としての植民地主義を誘発した考え方なのです。この時代、「善」が所有の領域にあったことは、商品を「Goods」と呼んだことで明らかでしょう。

カントは人間の能力に関する三つの批判書を出しました。真・善を論じた名著に続く第三批判は、感性と美に充てられるはずでした。しかし前著に比べ、なんと貧弱か。この時代、カントのような哲学者にしても、美の問題は第二義的なことだったと言わざるを得ません。

川勝平太氏は、近代初頭、西欧は宗教から科学に転じ、日本は宗教から芸術に転じた、と指摘しています。これは優れた見解です。江戸時代に現れる日本の美術工芸のすばらしさは、世界が注目するものとなりました。それは西欧には見られぬ庶民の生活の中の美でした。西欧は真と善という力の文明で近代を築き、やがて日本もそれに追随しましたが、その限界を今や地球環境問題が示しています。

今世紀を美の世紀にしなくてはなりません。真・善・美の一体化こそが地球を救うのです。それはエデンの園で忘れられた樹、すなわち生命の樹を思い出すことです。

なぜなら〝いのち〟こそ、最も光り輝く美なのですから。

第五章　新しい地球倫理を問う

＊本稿は、二〇一一年六月、社団法人全国日本学士会会誌『ＡＣＡＤＥＭＩＡ』第百二十八号に発表したものです。

二〇一一年三月、日本を襲った未曾有《みぞう》の大震災は、圧倒的な津波の恐ろしさに加え、制御不可能な原発という怪物が末代の世まで残すことになった、目に見えぬ放射能の恐怖により、「天災ではなく人災であった」との思いを万人の胸に刻みつけました。

われわれは文明の危機に直面しています。このことは、取りも直さず、今まで「文明」と信じてきたものが、実はいびつな文明であったと知る重大な反省を促すものであり、もし人類が存続を欲するならば、今や、文明の本質に対する真摯な再吟味こそが、緊急の課題として浮上してきていることを意味します。

私が会長を務める地球システム・倫理学会は、討議を重ねた結果、東日本大震災の一か月後を期して、次のような「緊急声明」を日・英・仏の三か国語で世界に発信しました。

「自然を支配し制御する」という近代的思想に立脚した現代文明そのものの根本的な誤謬《ごびゅう》が、白日のもとに曝《さら》されたと言ってよいでしょう。

地球システム・倫理学会緊急アピール

国連倫理サミットの開催と地球倫理国際日の創設を訴える

地球システム・倫理学会会長　服部英二

世界が直面する危機は経済危機でも金融危機でもなく文明の危機であり、その解決には人類の叡智《えいち》の地球規模の動員が必要とされます。

このたび日本を見舞った未曾有の大震災と津波による数十万人の生命線の破壊、さらにそれが惹起《じゃっき》した福島原発事故は、日本のみならず世界に人間の生き方の変革を迫る「母なる大地」の警告にほかなりません。

「自然を統御し支配する」という十七世紀以来の科学文明は、破局に人類を向かわせる「力の文明」であり、理性至上主義の父性原理に基づくものでありました。今やこれを、いのちの継承を至上の価値とする母性原理に基づく「いのちの文明」へ転換すべき時です。このパラダイム転換こそが、すべての民族が、そして人間と地球が共生する「和の文明」を築く基盤であります。諸文明に通底する倫理とそれに基づく人の絆を築き、未来世代が美しい地球を享受する権利を尊重する新しい文明の創設が待たれます。

日本はついに軍事・民事の双方で原子力の犠牲国となりました。日本は国際社会に核廃絶を訴え続けてきました。当学会としては、日本は今や自国のみならず世界が、エネルギー問題においても、脱原発に舵を切ることを訴えて行く責務を負うに至ったと確信します。この責務を果すことこそ今回の不幸を無駄にしない唯一の世界への貢献であると信じます。

人類が直面する危機の根深い原因は、世界的に蔓延《まんえん》した倫理の欠如であります。未来世代に属すべき資源を濫用枯渇させるばかりか、永久に有毒な廃棄物及び膨大な債務を後世に残すことは、倫理の根本に反します。市場原理主義による簒奪《さんだつ》文明からの脱却が急務であります。

このような状況を前にして、本学会としては、一日も早く国連倫理サミットを開催し、「地球倫理国際日」を創設することにより、毎年倫理の重要性に思いを馳せる機会とすることを国際社会に提唱するものであります。

平成二十三年四月十一日

この呼びかけに対する世界からの反応は、期待を上回る熱烈なものでした。すでに数十か国の識者が、自らのウェブサイトにこの声明を転載、さらに中国語・ドイツ語版制作の申し出もあります。日本政府による浜岡原発の突然の停止決定も、この声明と無関係ではありません。地球と人類の未来を真剣に考える人々の連帯の輪は、着実に拡大していくでしょう。

「母殺し」の大罪

「人類は母なる大地を殺すのであろうか。もし、仮に母なる大地の子である人類が母を殺すなら、それ以後生き残ることはないであろう」と、アーノルド・トインビーは、その遺書とも言える著『人類と母なる大地』の中で述べています。人類誕生以来の六百万年の悠揚たる時間から見るとその二万分の一という、まさしく瞬間に等しい時間帯に、人類は母殺しの大罪を犯そうとしていると、この碩学《せきがく》はその最晩年に警告しているのです。それと共に、人類は自らその歴史に幕を下ろすことになろう、と。

トインビーの警告は切実です。この三百年間で、すでに地上から大半の森が姿を消し、気候温暖化はあと二度の上昇で現存の生態系の崩壊という、後戻りのできない一線を越します。生物多様性はエコシステムを保つのに必須の要因であるのに、毎日実に百種以上の生物が地上から姿を消していき、しかもそれは年々加速しています。大宇宙に奇しくも生まれた水の惑星では、水が万象の調整役を務めてきましたが、温暖化で氷河が溶け、神々の住むヒマラヤの雪まで溶けた暁には、川は細り、砂漠はさらに拡大し、洪水と暴風の規模は数倍に膨らむと予想されます。あとたったの二十年で、二十億人が飲み水にも事欠く事態が到来します。化石燃料の発見以来、人口爆発が起こったのですが、過去一世紀だけでも四倍した人口は、二〇五〇年には九十二億に達し、そこからは減少に転じると言われます。その減少は平和裏にではなく、大きな痛みを伴った仕方で起こるほかはないのに、そのことに思いを致す人は少ないのです。

この「母殺し」の行為は、いつ始まったのか。それは、十七世紀、ヨーロッパに科学革命が起こり、人と自然が分離されたときです。およそデカルトによる「人は自然の主であり所有者である」という自然認識こそが、啓蒙主義につながり、十八世紀末からの産業革命を惹起した思想的根拠ですが、人間の生活に薔薇色《ばらいろ》の未来を描いたこの進歩の時代、実は物質文明の豊かさとは裏腹に、人間の内なる生は貧困化していきました。なぜならば啓蒙主義とは、理性・感性・霊性という人間の能力のうち、理性のみに突出した優位を与える立場であり、人はこの時代、精神の中にあっては、本来の全一的（Holistic）な自然認識を失っていかざるを得なかったからです。

存在から所有へ――精神の砂漠化

これを私は「精神の砂漠化」と呼びます。このことを理解するには、このときから人々の関心が急激に「存在」（Etre＝to be）から「所有」（Avoir＝to have）に移っていくことに注目せねばなりません。

人の価値はその人の人格・精神性、すなわち内なる生ではなく、その人が何を持っているか、という外なる生によって計られることになりました。大きな屋敷・財産・権力といったものです。所有の拡大が「進歩」と呼ばれました。そして植民地主義はこの所有の価値観を全地球空間に広げたものであり、必然的な到達点でした。それは科学技術の開発によって列強となった西欧の近代的民族国家が、さらに強力な覇権を求めて「奪い合う」ものでした。そこでは人による自然資源の簒奪が、未開人、すなわち人以前の存在と見なされた先住民を酷使する仕方で行われました。

本来、地球という水の惑星がはぐくんできた大いなる生命系の中に位置する人類は、このとき以来、人（それは厳密には理性的存在としての欧米人のことでしたが）以外のすべてを支配の対象とし、母なる地球を、そしてその母がはぐくんできた生きとし生けるものを、自らの「進歩」の名のもとに簒奪し、支配してきたのです。これが「文明」と呼ばれました。文明とは、そのため、必然的に西欧的、理性的、男性的なものでした。それは「力の文明」であり、「父性原理」に基づいたものであったのです。

聖書による正当化

これをキリスト教の教えに適うものとする議論もあります。それは「創世記」第一章に次のような記述があるからです。「光あれ」の言葉と共に天地を創造した神は、六日目になって土くれに息を吹き込み、アダムとイヴ、つまり人間を創ります。そのときの神の言葉は、「産めよ、増えよ、地に満てよ。地を従わせよ、また、海の魚と、空の鳥と、地に這《は》うすべての生き物をおさめよ」です。これは「進歩」を標語とした十九世紀には、まことに都合のよい聖書の記述でした。今では考えられないことですが、「黒人も（神の創った）人であるのか」ということが、植民地主義の謳歌《おうか》した十九世紀から二十世紀初頭に至るまで、真面目に議論されたのです。

しかし、この聖書を根拠とする進歩論には、三つの欠陥がありました。一つは、母なる大地の資源は無尽蔵であるという、根拠なき前提に立っていたこと。二つ目は、この進歩論は直進する時間論を持つヘブライ・キリスト教の世界観に立脚するものですが、この時間論は終末論を内包することを失念していたことです。そして三つ目は、聖書に記されたこの神の言葉を根拠としながら、実はその神自身を、進歩を説く科学主義は殺してしまうという矛盾を犯していることです。

科学革命の時代、人間は自然を対象と見なすことにより、自然から自らを分離します。すなわち自然と離婚します。しかしそのとき、同時に神とも離縁していることに注意せねばなりません。「われ思う、ゆえにわれあり」(Cogito ergo sum) とは、デカルトの思想を集約する言葉とされます。ここに確立したのが近代的自我、コギト (思う、考える) の主体としてのエゴでした。そこにもはやヘブライ・キリスト教の神はいません。デカルトの目、すなわちデカルト的理性こそが神の目でした。なぜならば、それはすべての存在を疑い抜き、他人の存在さえも疑った末に確立した孤独な我であり、自己以外の世界のすべてを対象として見るその目は、まさしく超越者、すなわち世界を外から見る創造主の目であったからです。

「神は死んだ」

十九世紀、ニーチェは「神は死んだ」と告げますが、ニーチェが神を殺したのではありません。彼は「死んでいた神」を発見したのです。この神とは、あくまでもキリスト教の神ですが、キリスト教を精神基盤とするヨーロッパにおいて、その神殺しは

デカルトの目
・生命誌の体系から抜け出る
・自然との「離婚」
・Cogito ── デカルト的理性の目は「神の目」
・抽象的な存在 ── 人間のAbstraction

行われたのでした。

本論では、先に人類の「母殺し」を語りましたが、それと同時に「父殺し」が行われたことを語らねばなりません。ヘブライ・キリスト教的神は「天にましますわれらが父」であるからです。したがって、科学革命とは、ヨーロッパで犯された「両親殺し」の行為だった、と言ってよいのです。ヨーロッパは自らを生み出した両親、すなわち母なる大地と父なる天の神の双方を、このとき同時に消し去るのです。ニーチェは神の死を告げましたが、神の座が残りました。その神の座に就いたのが、近代的人間でした。

このような動きは、実はルネサンス期にすでに始まっていますが、十七世紀から十九世紀にわたって続けられたこの聖俗の抗争の意味をさらによく理解するには、ここでヨーロッパの誕生と、キリスト教との出会いがつくり出した中世という時代を振り返らねばなりません。

ヨーロッパの出自

ヨーロッパというこの特殊な地域の出自を問うてみましょう。それは、ギリシア神話によれば、ゼウスがフェニキアの王女エウロペ（Europe）にひと目惚れし、牛に姿を変えて誘惑するところから始まります。エウロペを背に乗せたゼウスは海を渡り、クレタ島に至り、彼女はゼウスの子、ミノスをもうけます。ミノア文明の始まりです。この神話には地中海の交流が描かれ、ギリシア文明そのものがオリエント、エジプト、エーゲ海文明と深く結ばれていることがわかります。しかしながら、近代になってこの神話の意味は忘れ去られ、ギリシアはロゴス（理）、すなわち近代的理性の故郷として描かれることになります。かつては「光は東方より」と崇《あが》められたオリエントの影響は、ロゴス性の欠如、そのミュトス（神話）性のゆえに軽蔑《けいべつ》され、極力排除されていきます。その結果、教科書の中では、まことに美しいギリシア文明が、まるで地中海の泡から生まれたヴィーナスのように、突如として出現することになりました。その輝かしい文明の後継者がローマです。

ローマは『ガリア戦記』の方向に拡大し、帝国となりますが、そこには四世紀、大きな精神的転機が訪れます。すなわち、それまでの文化とはまったく異質な文化的価値であるキリスト教の公認です。キリスト教の母体であるヘブライズム、すなわちユダヤ教は砂漠の宗教です。それが海と緑のヨーロッパに持ち込まれることとなったのです。それはきわめて異質なものの合体という、一大事件であったと言えます。不条理なるもの（Credo）が条理（Ratio）の社会において合成され、しかも上位の価値に位置付けられるということが起こったのです。

この合成は、実はイエス・キリストがヘブライズムの中で成し遂げた、精神革命のおかげで可能になったのでした。ユダヤ教の核心は「選民思想」ですが、イエスはそれを退け、救済の対象を「万民」に広げました。次に、神の本質をユダヤ教の「怖《おそ》れ」ではなく「愛」であると、百八十度転換したのです。この革新により、キリスト教は世界宗教となり、かつてのシーザーの道をたどって、ローマからローヌ河を北上、やがてヨーロッパのすべての地に根付いていきます。

ヨーロッパ中世の歴史は、このギリシア的理性＝ロゴスと、ヘブライ的霊性＝トーラーの習合の歴史であると言ってよいのです。合理と不条理の合体であり、学と信の止揚です。それが頂点に達したのがスコラ哲学にほかなりません。

ヨーロッパの中核としてのスコラ哲学

十二世紀にすでにアベラール等にその萌芽を見るスコラ哲学は、十三世紀、パリはソルボンヌに各国から集まっていたトマス・アキナスを中心とする学究たちによってその頂点を迎えます。その直前、イベリア半島のトレドの図書館で、アラビア語からラテン語に翻訳されたアリストテレスの著作の全貌が明らかにされ、それが直ちにソルボンヌにもたらされたのでした。ちなみにこの翻訳には、キリスト教徒のほか、ユダヤ人とイスラムの民、ムーア人の協力があったことも付記しておきます。

トマスはこの新たに到来したラテン語版アリストテレスの自然学と形而上学を縦横に駆使し、アウグスティヌスをはじめとする教父神学の下敷きの上に、壮大な知のカテドラル（大聖堂）を構築しました。それが『神学大全』（Summa Theologica＝神学の集大成）、のちにカトリックの「黄金の知」と呼ばれたものです。しかし、理と信という、この水と油のように相容れないものの合成は、やがて再分離していく運命にありました。あたかも卓上に置かれたドレッシングが、時間と共に酢と油に分離していくように。その分解のとき、中世の黄昏《たそがれ》が訪れます。

中世の黄昏

中世末期、ヨーロッパを襲った黒死病と貧困は、中世の社会に壊滅的な打撃を与えました。ここに異端審問と魔女狩りの悲惨な一ページが開かれます。平野啓一郎が、

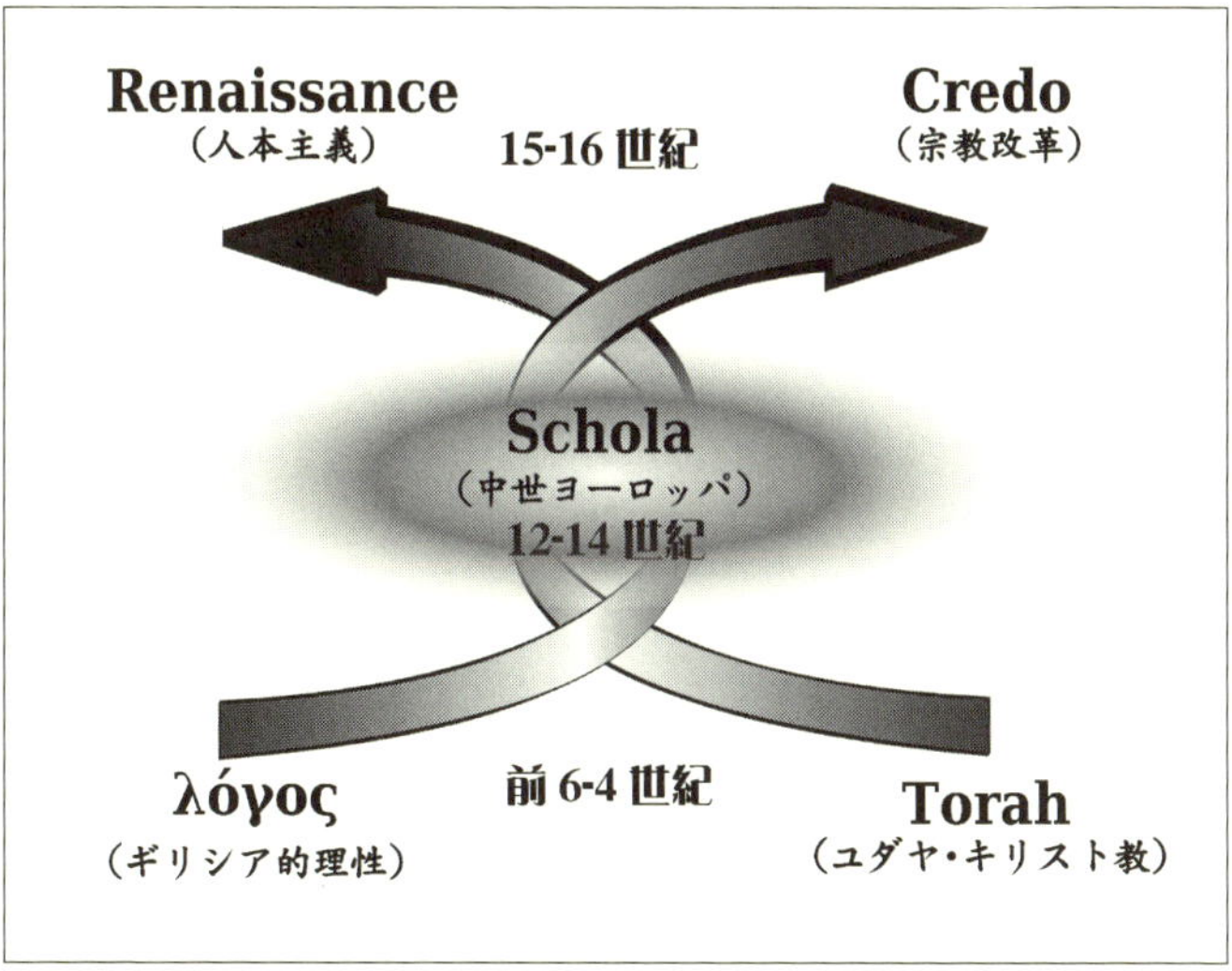

いみじくも『日蝕』に描いた世界です。
　そして、そこから二つの動きが現れることになります。一つがルネサンスであり、もう一つが宗教改革です。これを図解すると上のようになります。それは中心に二つの線が交差する円を持つX型を描きます。この中心こそがスコラ哲学であり、ヨーロッパの核です。もともと異質であったものが、このスコラ哲学によって見事に合成されたかに見えましたが、それは長くは続かず、ギリシア的ロゴス、すなわち「理」はルネサンスによって再発見され、やがて科学主義を生み出すものとなります。もう一方のヘブライ的霊性、あるいは「信」の

追求は、ルターやカルヴァンの宗教改革となります。合成体からの再分離、源泉への復帰という意味で、宗教改革は優れて原理主義の運動でした。もう一方の理性の再発見が、科学至上主義というもう一つの原理主義を生んでいくように。

ルネサンスは何をもたらしたか

ルネサンスを「文芸復興」と訳すことには意味がありません。それはあくまでもギリシア的理性の再発見であり、人間宣言でした。人本主義としてのヒューマニズムです。このとき、人は神に見られる存在であることをやめ、神を見る存在となります。神さえも「対象」となったのです。システィーナ礼拝堂でミケランジェロの絵画を見ると、キリストさえも人間的に、父なる神さえも老人のように描かれています。新しい教皇を選出するコンクラーベが行われる聖なる場、名作中の名作と言われる絵画に囲まれたこの空間、これはもはや人間の殿堂であり、神の殿堂ではありません。聖書の登場人物たちは、ギリシア神話の主人公たちと同じ扱いを受けているのです。

前述したように、イスラム世界とアラビア人のおかげで十二世紀、ルネサンスを体得し、古代ギリシアの科学的理性を再発見した西欧は、パリのソルボンヌを中心に、十三世紀、スコラ哲学というきわめて理性的な神学、すなわち第一哲学を完成させたのですが、そこで培われた科学的理性は、十五世紀以来、自然科学を生み出していきました。「Renaissance」（re＝再、naître＝生）の語は、ここでその全き意味を顕わにします。ギリシア的知、エピステーメ（ラテン語ではScientia）とは、優れて自然を科学することであったからです。しかし、自然科学の真理は必然的にもう一つの真理、すなわち教会の真理との衝突を引き起こします。ここに、あくまでも単一性を求める真理をめぐって、数世紀にわたる壮絶な戦いが繰り広げられるのですが、このことが、多くの人の記憶からは消し去られています。

聖俗の葛藤から生まれた科学革命とその非倫理性

十七世紀、地動説の正当性を説いたガリレオの教会による断罪を知ったデカルトは、彼自身の言うところを借りれば「仮面をかぶって歩み出」ます。すでに書き上げていた自らの主著『世界論』を封印、教会用語を巧みに使った「第一哲学」の名のもと、『省察』を書き、神の存在を立証するとしつつ、キリスト教的人格神を葬り去るのです。それがパスカルをして「デカルトを許すことはできない」と言わしめたものです。

この教会の真理と自然科学の真理をめぐる葛藤を抜きにしては、ヨーロッパの近代は語れません。教会の真理とは「神の国」のみならず、「三位一体」「処女の懐胎」「復活」といった、科学的には不条理とされるものを含み、ヨーロッパは長らく二重真理説でこれを切り抜けてきたのでした。つまり、価値を問う真理は教会に、価値を問わない真理は科学に属するという棲み分けです。端的に言えば、「真理は科学、倫理は教会」という責任分担です。これが、実は近代科学の性格を決定することとなりました。すなわち「科学は価値を問わず」(Value free)という立場です。注意すべきは、このとき生まれたこの非倫理の立場こそが、ついには化学兵器や原爆という、きわめて非人間的な兵器の開発につながっていくことです。

問題は、したがって、近代科学の内包する根本的な非倫理性にあります。

近代科学は、中世の黄昏に始まった教会との数世紀にわたる熾烈《しれつ》な戦いに勝利したことにより、鎖から解き放たれた鳥のように、また、発射台の上で点火されたロケットのように、ヨーロッパという一神教の地から発射されたのでした。これが科学革命ですが、それが神の死と密接に関わっていたことを忘れてはなりません。啓蒙主義の到達点としての十八世紀末のフランス革命は、王権だけでなく、教権も葬り去りました。「人権宣言」には神は存在しません。それは人と人との、さらに言えば市民同士の約束です。

七つの大罪

真理と倫理の棲み分けの一方が破綻したとき、哲学者たちが一様に問うたのは次の問いでした。「神なくして道徳は可能か」――これがデカルトにあっても、カントにあっても根本的な問いでした。

近代科学が物質文明を進化させ、医療や通信の改良に大きく貢献したのは確かですが、それ以上に人間の存在と反比例する所有欲を増大させるものとして発展したことに注意すべきでしょう。戦争は科学の飛躍的進歩の親となりました。そして資本主義の確立が、それをさらに助長したのです。それは今や市場原理主義となり、金融工学という犯罪的手法によって、地上の貧富の差を日々拡大させているのみならず、母なる大地の資源簒奪により、このかけがえのない地球を破滅の寸前まで追い詰めるものとなりました。

所有はさらなる所有への欲を生み出します。ユネスコの報告書『地球との和解』（邦訳＝麗澤大学出版会刊）で、かつての国連事務総長、ハビエル・ペレス・デクエヤルは、こう述べました。

「人類が現在罹《かか》っている病の原因は『過剰』にあるのであり、『足るを知る』という先賢古聖のいさめを忘れてしまったことだ」

今、自由の美名のもと、人類は七つの大罪を犯しています。マハトマ・ガンディーの言う七つの社会的大罪であります。それは「理念なき政治」「労働なき富」「良心なき快楽」「道徳なき商業」「人間性なき科学」「人格なき教育」「犠牲なき宗教」です。

そのガンディーはまた、こう言っているのです。

「世界にはすべての人の需要（need）を満たすだけの資源がある。しかし、すべての人の貪欲《どんよく》（greed）を満たすだけの資源はない」

新しい地球倫理とは

文明の本質を問うとき、今、念頭に置くべきは、この近代科学の生い立ちです。それは信仰との闘争の産物であり、人の全人性を歪《ゆが》めた理性至上主義に基づくゆえに、文化の多様性と他民族の尊厳を認めぬ覇権主義であり、力の文明でした。それを「父性原理」と呼べば、その対極に位置し、今まで未開と軽んじられてきたものの中にこそ、未来的倫理が見出せるのではないか、とわれわれは考えます。それは理性・感性・霊性のすべてを和する「母性原理」であり、全人性の倫理です。その母性原理とは、いみじくも鶴見和子が言い切ったように、「いのちの継承を至上の価値とすること」です。

翻ってみれば、父なる神を持ち、やがてそれと戦ったヨーロッパにも、かつては母性原理を生きた時代がありました。ケルト文化がそうです。エーゲ海文明もそうでした。そこには大地母神（Magna Mater）が生きていました。ルネサンスに現れる聖母崇拝は、実はこの大地母神の復活であったと見ることもできます。そうすると科学革命を生んだヨーロッパの根底には、縄文文化を有した日本から韓国、海の中国、インドシナ半島からインドネシアに至る「豊穣《ほうじょう》の三日月地帯」が共有する「循環するいのち」の文明と通底するものがあるのです。だからこそエコロジーもここに生まれました。

しかしながら、明日を思わず、今日の利益を求める市場原理主義は、未来世代に思いを致すことなく、経済的成長を求めてやみません。限りない欲望の追求が「自由」の旗印のもとに推し進められています。それはあくなき所有の拡大であり、人間の内的成長とは無関係なのです。この市場原理主義こそが全世界に格差を増大させ、紛争の種をまき散らしている覇権主義の正体であり、これを終焉《しゅうえん》させることこそが人類の明日の共生を可能にする条件です。

希望はエコロジーを生んだ西欧の持つ復元能力です。ヨーロッパの歴史を見ると、振り子運動のように、絶えず自己批判を行う動きが見られます。例えば理性至上主義の時代にあって、それと対峙《たいじ》してバランスを取るかのように生まれたのが、バロック様式やロマン主義でした。

「力の文明」から「生命の文明」へ

われわれが知るべきは、地球の砂漠化は人間の心の砂漠化から招来した、ということです。地球システムを救うには、今こそ新しい倫理が問われなくてはなりません。すなわちパラダイムの転換が必須である、とわれわれは信じます。その新しい地球倫理の確立のためには、近代の所有の文化を生み出した理性至上主義、すなわち「父性原理」の徹底的な批判、すべての文明の深奥《しんおう》に通底する「母性原理」の見直しが行われなければならない、とわれわれは信じます。「力の文明」から「生命の文明」への転換です。「戦争の文化」から「平和の文化」への移行であります。

しかし、その際、最も注意すべきはバランスです。それは単なる理性の否定であってはなりません。人間には父母の双方が必要なのです。われわれの追求する「通底の価値」、すなわちすべての民族が分かち合える未来的倫理とは、感性のみによるものではなく、あくまでも互敬の立場に立ち、感性・霊性と響き合う理性によってのみ到達可能なものと知るべきでしょう。それは新しい理性主義と呼んでもよいものです。

世界の現状は、カントやユーゴーの夢見た「世界連邦」の成立には程遠いのです。しかし「地球市民」の意識の涵養《かんよう》は可能です。なぜならば、ミシェル・セールが奇しくも見てとったように、人間に切り裂かれた自然が、無言のうちに、人間に向かって再結集し始めているとすれば、この状況こそが全人類への「挑戦」(challenge)にほかならず、それへの「応答」(response)が、地上の全民族の連帯に求められているからです。

【コラム】感性と響き合う理性

一芸に秀でる

エカテリンブルクはヨーロッパ大陸とアジア大陸がぶつかり合ってできたウラル山脈にあります。『坂の上の雲』にも出てくる帝政ロシア最後の皇帝、ニコライ二世の一家が惨殺されたのはここでした。エリツィン元大統領はこの地方の出で、その悲劇の舞台となった別荘跡には今は立派な教会が建てられています。私が訪れたとき、そこにはロシア正教独特の荘重な合唱の歌声が響き渡り、皇妃アレクサンドラ、皇太子アレクセイ、そして今は一縷《いちる》の生存説も消え去った皇女アナスタシアの碑が哀れさを誘うのでした。

十八世紀、サンクトペテルブルクからは程遠いこのような地に、女帝エカテリーナはなぜ町をつくったのでしょうか。それは、二つの大陸プレートがぶつかるこの山塊では数々の鉱石、そして宝石・貴金属が採れたからです。特に鉄は良質で、驚くことに、あのパリのエッフェル塔の鉄もここから運ばれたのだそうです。当時の製鉄工場は世界遺産の候補にも挙がっています。

国道を走ると道端に「ここより東はアジア、西はヨーロッパ」と書かれた標識が立つこの地に招かれたのは、民間ユネスコの世界連盟の会のためでしたが、会議の後、ウラル・シベリア・ユネスコクラブ連盟は、いくつかの「ユネスコ学校」を案内してくれました。

それらはロシアでも選ばれた子弟が入学を許される学校ですが、そこで行われていたのは芸術教育、すなわち感性の教育でした。生徒たちは自ら美術・音楽・舞踊・工作・武術などを選ぶことができるのですが、実演してくれたそのレベルは、バレエならボリショイ劇場並み、歌ならブロードウェーかと思うほどのものだったのです。

自分の教育理念を持ち、模範的な学校をつくった校長先生にこのような感性教育の成果を尋ねたところ、意外な答えが返ってきました。実はこうして徹底的に芸術を身に付けさせることで、ほかの学科の成績も伸びる、と言うのです。普通の知的な履修科目で伸び悩んでいた生徒が、一芸を身に付けたときから理科系でも伸びだす。そして多くの生徒がモスクワなどの一流大学に進学すると言います。生徒たちの目はきらきらしていました。彼らは八時に登校すると午後七時まで帰りません。なぜかと聞いたら、家より学校が楽しいから、と答えてくれました。

理性の花開く感性教育

日本で多くの親が、知育か体育か、あるいは芸術教育か、と、まるで一つがほかを犠牲にしなくてはならないかのように思い悩むのは間違いなのです。むしろ一つがほかを解き放ち、刺激し育てる。そのことをエカテリンブルクのモデルスクールは示していたのです。

圧巻はウファというシベリア側の僻地で見たユネスコ学校でした。民族衣装を着た少女たちが差し出すパンをちぎり、ちょっと塩を付けていただく入村の儀、ゲルというテントの中での歓迎会、すべて夢のようでしたが、なんとここにはタルタル人ほか八つの民族が共生し、数か国語が話され、英語での発表のほか、フランス語・アラブ語での会話も可能だったのです。村の子供たちの芸能の後は、おばあさんたちのダンスもありました。ほとんどの村人が楽器を弾きます。そして教室では、国連の資料に基づき、地球環境問題も教えています。

これはわが国の教育体制に反省を促すものではないでしょうか。あたかも感性教育が時間の無駄であるかのように、中等教育の段階で知的な科目の詰め込みを強いていないでしょうか。それは大学入試の欠陥のせいでもあります。○×式と言われるあの入試方式は人間を駄目にする元凶です。本当は、理性は感性と響き合うとき、花開き飛躍する。この生命の実相に、早く気がつかねばなりません。

第六章

「普遍」から「通底」へ

――人類文明の危機と日本の役割

＊本稿は、二〇一〇年二月十二日、京都・新都ホテルで行われた「平成二十一年度アカデミア賞授賞式」（社団法人全国日本学士会により一九四九年制定。「わが国及び世界の文化・社会・国際交流の各分野において著しく貢献した者」に授与される）における記念講演の記録です。

〈初出誌＝社団法人全国日本学士会『ＡＣＡＤＥＭＩＡ』第百二十一号〉

　このたび、このような歴史ある賞を受賞いたしましたことを、まことに光栄に存じております。

　思い返せば、今は半世紀も昔、よく吉田山を散策し、思いにふけっていました。そのころの恩師のお顔が目に浮かびます。西谷啓治先生、高田三郎先生、野田又夫先生、田中美知太郎先生、三宅剛一先生、そのどなたも今やご存命ではないのですが、そうした先生方と私たちの間には、指導教官と学生というよりは師弟関係と呼んだほうがよい雰囲気があったと思います。

　昨今の大学の現状を見るにつけ、かつての京大総長、西島安則先生を会長にいただくこの学士会は、一九六八年のいわゆる大学紛争の前の、そのような伝統を残すものと感じています。

　私を親しく指導してくださったこうした先生方の期待を、あるいは私は裏切ったのかもしれません。フランス留学ののち大学に帰らず、国際機関に入ったからです。しかし今、自らの来し方を振り返るとき、私に悔いはありません。ユネスコという国連機関でなくてはできないものがあったからです。

ユネスコとは何よりも、国際世論を創出するフォーラムです。そこで生まれた新しい理念は、池に投じられた一石のように波紋を描いて広がっていき、やがて世界の常識となり、すべての民族の生き方を変えていきます。例えば七〇年代初頭に提唱された「生涯学習」あるいは「世界遺産」のような考え方は、今や一般の人々の生活の中に定着しています。

文明は「出会い」により生まれる

一九八〇年代、私は「シルクロード・対話の道総合調査計画」を立案し、その核として「文明間の対話」という新しい概念を提唱しました。草原の道、オアシスの道、海の道に出した国際遠征隊にもまして三十か国、二千人の学者をこのプロジェクトに惹《ひ》きつけたのは、この一つの言葉でした。ところが一九九一年一月、海の道調査の最中に湾岸戦争が勃発《ぼっぱつ》します。全世界がイラクを非難する中、ただ一人、それを「第一次文明戦争だ」と喝破したのはモロッコのマーディ・エルマンジャラでした。この言葉に触発されたアメリカのサミュエル・ハンチントンは「文明の衝突」論を唱えました。この衝突不可避論がメディアで増幅されていくのに危機感を抱いたイランのハタミ大統領（当時）は、ここでユネスコ・シルクロード・プロジェクトのキーワードを国連総会に訴え、二〇〇一年が「文明間の対話・国際年」に指定されたわけです。以来、この言葉は万人の口に上るものとなりました。

しかし世界の現状を見ると、「文明間の対話」のその真意は、いまだ理解されていないように思われます。なぜならば十九世紀の西欧に生まれた文明一元論は、いまだに根強く残っており、諸々の文明の存在を認め、異なった価値を尊重し、そこに学ぼうとする態度は、一部の人々を除き、いまだ全人類の共有するものとはなっていないからです。文明＝西欧文明＝科学技術文明とする見方が人類史の近代を律してきたことは否めません。

そして人々は、文明とは出会いによって生成するものであることを忘れています。文明は生き物のように動き、他者と出会い、子をはらみ、そこに新たな文明が生まれます。ヨーロッパ文明も、日本文明と同じく、多くの他文明との出会いによって形成されたものですが、近代の一時期、西欧は「他のおかげで」形成された、ということを拒否しました。あたかも一つの啓示宗教が他の影響を認めないように。

優れた比較文明学者である伊東俊太郎氏の人類五大革命説によれば、人間革命・農業革命・都市革命・精神革命が世界各地に「同時多発的」に起こったのに対し、それに続く十七世紀の第五の革命、科学革命だけはヨーロッパという一つの地域で起こっています。それはなぜか、を問わねばなりません。この科学革命がやがて産業革命となり、それがヨーロッパを地上で突出した地域、すなわち世界の覇者と言われるものに仕立てていくのですが、この現象は実は、ルネサンス以来、西欧が体験した自然科学と宗教との闘いと無関係ではない、と私は見ています。この熾烈《しれつ》な闘いは、二重真理説となり、さらに「科学は価値を問わず」(Value free)の立場をつくり出します。真理は科学、倫理は教会という棲み分けです。文化とは価値のシステムですから、ここに科学と文化の乖離《かいり》が起こりました。そして、これこそが文明の危機をつくり出したものです。この科学と文化の乖離こそが、かつては植民地主義を正当化し、多くの民族を隷属の次元に置き、その希望を奪い去ったのみか、今は、地球そのものを破壊の危機に追いやるに至ったものの根源にある、という思いが、一九九五年のユネスコ創立五十周年記念シンポジウムとなります。

全は個に、個は全に

一九九五年、ユネスコと国連大学が共催したシンポジウム「科学と文化――未来への共通の道」に参加した世界的科学者たちが、自ら起草し、最終日に満場一致で採択された「東京からのメッセージ」は、次のように述べています。

十九世紀にピークに達した機械論的科学は、非情な観察者をその研究の対象から切り離す立場をとった。これが盲目的な進歩の概念を生み、また物質的な文明観を助長した。その結果、二つのイデオロギーが対立することとなった。一つは文明の画一化（グローバル化）による技術的な〈進歩〉の概念であり、それに対するものは、多様性を尊重し、文化的アイデンティティーと価値を保持せんとする立場である。これら二つの強力な考え方の背後には、〈科学〉と〈文化・伝統〉は相容れないものであり、越え難い深淵によって隔たれているという、検証されないままの思い込みがあった。

われわれはこう信じる。この表面的な相反は、過去三百年にわたって——それは人類史から見ればたったの一万分の一の時間帯であるが——西欧の科学がかつては抱いていた全一論的（Holistic）な自然観から離れていったことに起因している。この科学の動きは、機械論的にして価値を問わないことを特徴としており、それは物質的、技術的な富を生み出したが、ますます専門化と細分化を進めることとなった。

これに続き、驚くべき事実が告げられます。

二十世紀の間に、実験による諸々の発見を基に、先端の科学者たち——哲学者や神学者ではない——は過去三世紀の間使われていた前提を覆し始めた。この反転は量子物理学者の創始者たちがリードしたもので、彼らは、宇宙にはかつて科学が放棄した昔からの宇宙観に近い、全一性（Wholeness）の秩序が存在することを発見したのである。

そして東京からのメッセージは、最後に、人間の理性が宇宙の全一論的見方に進んでいく、新しい啓蒙の時代の到来を告げるのです。

この新しい啓蒙の特徴の核心は、〈多様性の中の統一〉のまったく新しい角度からの評価である。自然科学と人文科学の学者たちは、長い間、最初は美術に現れる一つの考えを抱いていた。すなわち全体はその部分の総計よりも大きく、またその総計とは違う、というものである。この考えによれば、構成要素が特別の配列で集まり、全体を形成するとき、新しい属性が現れるのである。しかし今日、科学が明らかにしたのは、まったく異なった宇宙の全一的相の存在である。この新しい全一論によれば、全体は部分の中に包まれ、部分は全体に行き渡っているのである。

これを私は「全は個に、個は全に遍照《へんじょう》する」と訳しました。

科学の最先端に位置する人々によるこの言明は、きわめて重要です。ここに引用した最後の文章が明かすのは、彼らの宇宙観が、伊東俊太郎が言う「精神革命の時代」、すなわちヤスパースが『歴史の起源と目標』の中で「枢軸の時代」と呼んだ前八～四世紀に、世界各地に現れた精神的指導者たちの会得したもの、さらにそれを深めていったその後継者たちの悟りというものに非常に近い、ということです。学問の世界からは遠く、しかし無意識のうちにそれを生きている人々もいます。その口からは「おかげさまで」「もったいない」「ありがたい」という言葉が、ごく自然に発せられます。

この東京シンポジウムを開くにあたって、私はその二年前から、当時日本ユネスコ国内委員会会長であった西島先生とご相談を重ねました。そして「東京からのメッセージ」は、仏教を知らない欧米の科学者によって起草されたものであるにもかかわらず、日本側の参加者（西島先生に加え、河合隼雄、中村雄二郎、鶴見和子の三氏）との対話によって、新しい科学の抱く宇宙観は曼荼羅《まんだら》の思想に近い、と明記されたのでした。今、私はこれが、古くはウパニシャッドの「梵我一如《ぼんがいちにょ》」、さらにイスラムの「タウヒード」の概念とも結ばれる、と申し上げたい。なぜならイスラムにおいて根源的なこの言葉は、単に「政教不二」を指すのではなく、「神が万有に顕現している」との遍照の宇宙観を現すものだからです。それは「一切即一、一即一切」を説く華厳経とも通底するものです。

デカルト以来、主客を峻別《しゅんべつ》した科学は自然を対象化し、細分化してきました。なぜなら機械論的世界観では、対象たる自然は部分に細分化できるものだったからです。専門化とはその細部を見、分析することでした。その細分化の過程で、古代の知恵は失われました。しかしながら最先端の科学のおかげで、われわれは再び「万有相関」の実相を、そして主観さえも客体との相互作用の中に位置することを、知ることができるようになったのです。

私自身が関与したユネスコの知的協力活動の中では、すでに一九八六年、世界に衝撃を与えた「ヴェニス宣言」が、「科学はその独自の歩みの中で、世界の文化伝統と再び対話できる段階に達した」と指摘しています。

地球の砂漠化を招くもの

現在、世界の多くの国々は、人類の唯一の住処である地球環境の急速な破壊を食い止めようと立ち上がりました。気候変動と温暖化、森の減少と砂漠化、近く到来する水・食料の不足、化石燃料をはじめとする地球資源の枯渇等が議論されています。『地球との和解』（邦訳＝麗澤大学出版会刊）という最近のユネスコの出版物の中で、前事務局長・松浦晃一郎氏は、「砂漠化は今や世界の陸地の三分の一、四十億ヘクタールに及んでいる。二十世紀の終わりの時点で、百十か国、約十億人の人々が押し寄せる砂漠に脅かされていたのだが、この数字は二〇五〇年には倍増し、二十億人が脅かされることとなろう」と述べています。そして、過去の平均値より百倍の速さで生物種が絶滅していく現状に注意を促し、「生命の再生産にとっては多様性が肝要であるのに、二一〇〇年には五〇パーセントの種が姿を消す可能性がある」と指摘しています。

この地球の砂漠化は、人間の「精神の砂漠化」に由来する、と私は申し上げたいのです。科学革命以来、人間像に歪みが生じ、全人性が失われたことが根本にある、と。自己以外のすべてを客体化するのが近代的思考でした。その結果、人間の関心は「存在」(Etre＝to be) から「所有」(Avoir＝to have) に移っていきます。そして、ヒトさえもモノとして扱われるようになりました。すべてが数量化されていきます。すべてがお金で表示されるもの、すなわち所有の対象であります。この延長にグローバリズムのシンボルたる市場原理主義があります。毎日一兆ドルもの電子マネーが地表を飛び交い、精神の砂漠化に拍車をかけているのです。

現在注目されている多様性の哲学は、人と地球を破滅に導くこのグローバリズムに厳しく異を唱えたものです。

二〇〇一年、ユネスコ加盟国は満場一致で、世界人権宣言に次ぐと評価された重要な宣言を採択しました。「文化の多様性に関する世界宣言」です。その第一条には「自然界に生物多様性が必要である如く、人類の生存には文化の多様性が不可欠である」と明記されました。また、昨年（二〇〇九年）亡くなったレヴィ＝ストロースは、その遺言とも言うべき二〇〇五年の講演で、「文化の多様性と生物多様性は、単に類似しているのではなく、有機的に結ばれている」と証言しています。われわれの文明が単一化に向かえば、それは人類の衰退を意味します。そして現実の世界は、確実にその方向に向かっていると認めざるを得ません。

文化の中核と言ってよい言語をとってみても、現在二千八百の言語が消滅の危機にあります。一つの言語の死は、一つの文化の死を意味します。過去一世紀の間に半減した言語は、このままで行くと、あと一世紀でさらに半減する運命にあるのです。しかるに経済至上主義は、英語という一つの言語の世界制覇と共に、諸民族の文化をも画一化しつつあります。

人類の文化の画一化は人類の凋落《ちょうらく》であり、その終末を告げるものと言っても過言ではありません。私はこのような画一化が、「東京からのメッセージ」が言明しているように、過去三百年というごく短期間に起こっていることに注目したいのです。それは科学技術の進歩を人間の進歩とした時代、理性至上主義の時代に起こった特殊現象です。

「互敬」を実現する「通底」の価値観

二〇〇五年、パリで開かれたユネスコ創立六十周年記念シンポジウム「文化の多様性と通底の価値」（道徳科学研究センター・ユネスコ・国際日本文化研究センター共催）と、二〇〇七年、東京で行われた「文化多様性への新しい賭け——対話を通して通底の価値を探る」（道徳科学研究センター・ユネスコ・国連大学・京都フォーラム共催）を通じて明らかにされてきた課題の中に、啓蒙時代と「普遍」の概念の見直しがあります。

啓蒙時代とは人間の諸能力のうち、理性のみに至上に価値を与えた時代です。確かにそれは、産業革命を生み、知の領域を広げ、物質文明に画期的進歩をもたらしました。しかし同時にそれは、差別の原理となっていったのです。それは女性・子供を差別しました。理性を完全に使用できない、と見なされたからです。そしてそれは非西欧人のすべてを差別しました。彼らは理性・感性・霊性を渾然一体《こんぜんいったい》として生きている、すなわち理性的存在となっていない野蛮人と見なされたからです。

「普遍」(universal)の概念は、この理性至上主義と呼応するものです。それはしたがって、理性的・男性的・西欧的概念です。「uni＝一つに」「verso＝向かう」が、その意味するところです。一つとは、すでに設定された一つの価値であり、そこに収《しゅう》斂《れん》するものが普遍である、ということが前提されています。それは上下関係をつくります。普遍が上位、特殊が下位です。植民地化された諸民族の多様性は、この特殊に位置付けられてきました。

新しく浮上してきた「通底」(transversal)という考え方は、普遍とは逆に、すべての文化を対等に尊重する立場をとります。それは個人を扱うにあたって、一人ひとりの人間が、人種的・社会的・経済的・性的・年齢的な差異こそあれ、人間の尊厳においては等しいとする、基本的人権の理念にも呼応するものです。

それは反理性主義ではありません。新しい理性主義です。近代において軽視されてきた感性・霊性と響き合う理性、人間の全人性の恢復《かいふく》を目指すものであります。このアプローチによってこそ、異なる文化を生きる人々との間に「互敬」の関係が生まれるでしょう。森羅万象に神が宿るとするアニミズム、すなわちヘーゲル・マルクス史観によって原始宗教とされた宇宙観も、世界的に見直されるでしょう。かつて葬り去られた母性原理はよみがえり、すべての文化伝統の深みに通底する価値が見出されるでしょう。

東アジアの豊穣《ほうじょう》の三日月地帯、すなわち日本からインドネシアに至る海のアジアは、とりわけ母性原理を生きてきた地域です。その文化とは、水の循環に大いなる生命の循環を見る文化です。人間を自然と対峙《たいじ》させず、その一部と見る文化、人の和が個人に優先する文化、理性・感性が相呼応する文化を、ここでは和辻哲郎が「命の風」と呼んだモンスーン地帯という風土がはぐくんできました。

しかしこの母性原理は、地球のこの地域だけに特有なものではない、と知らねばなりません。地中海文明・ケルト文明・マヤ文明・インド文明・エジプト文明等、そのすべてに本来は存在していたものなのです。そのことは、各地に残された渦巻き状の文様に見てとれます。ヨーロッパでも、聖母信仰の形で「大地母神」の復活が見られます。

今こそ「生命の文明」を

エデンの園には大切な二本の樹が生えていました。生命の樹と知恵の樹です。文明史とは、知恵の樹の実を食した人類が、蛇の告げた通りに「神のごとく」になり、大地とすべての生き物を支配し、神によってその園に置かれたもう一つの樹、生命の樹を忘れていく歴史であった、と言えましょう。

地球を破壊してきた力の文明に代わる文明、われわれが地上に今、創り出さねばならない文明とは「生命の文明」です。山川草木《さんせんそうもく》に仏性を見、いのちの継承を至上の価値とする母性原理を生きてきた日本文化の果たす役割は、きわめて大きいと言わねばなりません。しかしながら、ここで排すべきは、かつて行われたような「東西」という無益な対立概念です。他者という観念を、根底から変えなければなりません。

「文化の多様性宣言」が明らかにした通り、他なる存在、それは今や敵ではなく、単なる「寛容」の対象でもありません。それは自己の存在にとって不可欠なもの、自己を今、ここにあらしめてくれているものです。

欧米もまた、われわれの中に生きています。常に自己批判をいとわない西欧の強靭《きょうじん》な知性は、絶えず根源に帰る能力を秘めています。エコロジーという学問を生み出したのも西欧です。ユネスコでも使われる「Co-viventia」という最近の言葉は「共生」の深い意味を表しています。

もし人類が今、自らの過去に学び、本来の全人性を取り戻すことができれば、人類は再び地球と共生し、目前に迫った危機を乗り越えることができるでしょう。われわれが直面している危機は、人類文明の危機です。これを乗り越えるべく、われわれの目指す「知の社会の構築」とは、「知」(Scientia) ではなく「智」(Sapientia) の再発見、すなわちソクラテスが体得し、プラトンがアカデメイアで説いた「Sophia」に結ぶものであるのです。

【コラム】匠――心と物の出会い

日常に美のある日本

二十代の後半、フランス政府の給費留学生としてソルボンヌへ留学したころ、気がついたことがあります。それは、花の都と言われるパリの市民の日常用品が意外に質素であることでした。家で使う大小のお皿も、朝のカフェ・オ・レを飲む大きなコップも、単に白色で、ヴェルサイユ宮殿などで使われたあの絢爛《けんらん》たる調度品とはまるで別物なのです。

確かにセーヴルやリモージュの陶器は高価で、各国の上流階級の贈り物に使われますが、それは一般の市民とは別世界の話です。高度の芸術品と、使えればよいとする日用品の中間、つまり上・中・下の〝中〟がない印象を受けました。

反対に、日本では、庶民の日常生活に美が入り込んでいます。陶器、漆器、竹細工、家具など、何気なく身の周りに置かれた品々も、世界から見れば民芸品ないし芸術と言ってよいもので、中間層がその美を享受しているのです。上・中・下の〝中〟が豊かなのです。

あるときフランスの陶器作家と話したのですが、彼は「日本では陶芸家は芸術家とされるが、この国では陶工にすぎない」と嘆いていました。

作品にサインを入れる陶芸家がヨーロッパに現れるのは、やっと二十世紀、バーナード・リーチが益子焼の濱田庄司と出会い、自らの新しい作品を芸術として発表してからのことです。そのころ日本では、益子焼は庶民の日用品でした。それを世界的なアートにしたのは柳宗悦による「用の美」を説く民芸運動でした。それは桃山時代からの、織部や楽の美の感覚と結び付くものです。

一方、セーヴル焼はどうでしょう。十七世紀初頭、オランダの交易船は、明の陶器、染め付けを求めて極東までやって来ます。ところが、明朝はたびたび鎖国をして港を閉ざすので、困ったオランダ商人は北九州に舳先《へさき》を向け、この地の陶工に同じものがつくれないかと聞いたのです。すると、朝鮮由来の技術を持っていた陶工たちは、短期間で注文の明の染め付け風の陶磁器をつくってみせました。それは主に有田焼だったのですが、船積みされるのは伊万里の港だったため、ヨーロッパでは「Imari」として知られています。

これを王侯貴族が争って買い求めたため、諸侯はそれを自国製とすべく錬金術師を動員、試行錯誤の末、デルフトやマイセンの窯《かま》が生まれます。アムステルダムの博物館に行けば、そのころ輸入された伊万里とそれを写したデルフトの作品が肩を並べているのを見ることができます。初期のものはたどたどしく、銘までも写す完全なコピーですが、時を追うごとにヨーロッパ風のデザインに変わっていきます。

その成功にフランスの威厳を損なわれたルイ十五世が勅命を発し、つくらせたのが、セーヴルの窯でした。明の染め付けと日本の伊万里がヨーロッパの陶磁器を芸術品に変えたのです。

心身一如の職人技

ヨーロッパではキリスト教神学と中世のスコラ哲学のおかげで、純粋精神、形相(Forma)にかかわるものは尊く、土のような質料(Materia)にかかわるものは卑しいとされてきました。心身二元論です。それに対し、日本では心身一如、人と自然は不可分の存在でした。木や土の中にも命を見る、その姿勢が生活の中に美を極める職人技を生み出したのだと思います。よい職人は師として崇《あが》められ、手を使う職が卑しいとされたことはありません。「匠《たくみ》」とは心と物の出会いです。それは現代にも受け継がれ、町工場に見られる、世界に比類ない精巧な仕事となり、宇宙旅行のための高性能部品をもつくり出しています。

匠の技が生み出した美は、やがて世界に伝わっていきました。フランス革命で断頭台の露と消えたマリー・アントワネットが収集していたのは、日本の蒔絵《まきえ》の手箱だったのです。

第七章

科学知から総合知へ——人類生存の課題

＊本稿は、二〇一二年六月六日、モラロジー研究所において行われた講演に基づくものです。

〈初出誌＝道徳科学研究センター『モラロジー研究』第七十号〉

今日取り上げるテーマは、今、多くの大学が中心的課題として考えていることです。「科学知」といった場合の「科」という字が示すように、学問は非常に専門化が進み、バラバラになっています。しかし、人類がこぞって生き延びるためには「総合知」、あるいは「統合知」というものへ転換しなければならないのではないか。これが今、いろいろな研究所が取り組んでいる課題です。

今日の話は、二〇一二年三月十日、東京大学総長室の企画による「人文知・社会知からサステイナビリティを考える」というシンポジウムで行った発表に基づくものです。私の発表の後に濱田純一総長からリスポンデントとしてコメントをいただき、それから吉川弘之・元東大総長の発表と立本成文・総合地球環境学研究所長のリスポンデントがあったのですが、四人で五時間という、かなりきついシンポジウムでした。この日は四十分の持ち時間でしたが、今日は六十分ということですので、そのときの話をさらに拡充して発表したいと思います。

ユネスコで考えたこと

私はパリのユネスコ本部に二十数年間勤務しました。そこでいろいろなプロジェクトに取り組み、ユネスコが扱っているテーマをめぐって勉強し、また、私自身もその立案に参加してきたわけですが、主だったものをここに取り上げておきます。

「文明のひずみ」、これは文明史がひずみを持って書かれているという気づきです。「文明間の対話」、これは一九八五年にパリで「シルクロード総合調査」を立案したときに発信したキーワードで、二〇〇一年は国際年になります。それから「平和の文化」、これもシルクロードを研究する間に浮かび上がってきた言葉で、当時のフェデリコ・マイヨール事務総長とのやり取りの中で、「戦争の文化」に対するものとして浮上したものです。これが一九九一年、湾岸戦争のころのことで、二〇〇〇年が「平和の文化国際年」になります。それから「文化の多様性」、これは二〇〇一年に注目すべき世界宣言になりました。これらのテーマを扱ううちに、近代文明というものの本質を問い直さなければならない、ということを意識するようになり、私自身の探究と活動がその方向に向かっていきました。

ここで一番重要なところを申し上げますが、西欧発の近代文明の本質の一つに、実は「神の喪失」があった、ということに気がついたのです。この神とは、ヘブライ・キリスト教の神です。「神は死んだ」というニーチェの言葉は大きな意味を持っていたのです。その意味するところを、今日、皆さんと一緒に探っていきます。

そして今、われわれは「地球システム・倫理学会」を立ち上げていますが、地球倫理と呼ぶべきものの時代が来ています。それにはゴッドではない新たな神の概念、あるいは神とは言わなくとも、至高の存在という概念が再考されなければなりません。これが近未来の課題になっているのです。

サステイナビリティ——何を維持するのか

東大も取り上げている「サステイナビリティ」の問題は、やはりユネスコとの関連で浮かび上がってきます。サステイナビリティとは維持（sustain）できること、あるいは持続可能性というように訳されます。この底には、近代に起こってきたこととして、知のひずみ、そして人間観のひずみというものがあるのです。先ほどの「文明のひずみ」とも関連するのですが、このサステイナビリティに特定して考えてみましょう。いったい何を維持しようとしているのか、何を持続させるのか。

今、文部科学省が全国の学校で推進しようとしている、ＥＳＤ（Education for Sustainable Development）というプログラムがあります。これは日本がユネスコに「持続可能な開発のための教育（ＥＳＤ）の十年」として提唱し、各国が賛同したものです。

日本が教育の場に「維持可能な発展」を持ち込もうと提唱したことには、意義があると思います。今、その十年が終わろうとしていますが、この中に使われているサステイナブルという言葉は、あまりピンと来ない方も多いのではないでしょうか。そこで、この用語の起源にさかのぼって考えてみたいと思います。

リオ・デ・ジャネイロで地球サミットが開かれた一九九二年は、人類が地球環境問題に目覚めた年であるとされます。しかしこの反省は、実は一九七二年に始まっていました。ストックホルムで地球環境会議が開かれた年であり、自然遺産を第一に考えるユネスコの「世界遺産条約」の成立も、この年です。

一九九二年というのはその二十年後に当たり、もっと踏み込んだ国連環境会議を行おうとした年です。国連システムの文科省に当たるユネスコがキーエージェンシーとなったこの会議は、UNCE（UN Conference on Environment）と呼ばれるはずでした。

このときは五年くらい前から準備を始めたのですが、準備の終わりのほうになって、UNCEに「D」が入ってUNCEDになるという変異がありました。それは今、地球上に起こっていることと関連しています。

京都議定書などで有名になったCOPなどの会議が開かれるたびに、EUをはじめとする西欧諸国や日本は、環境を維持するためにCO2を減らさなければいけない、エネルギーの消費を抑えなければいけない、と言い続けてきています。

ところが、中国とインドを先頭とする途上国が、一九九二年の会議の準備過程で強硬に反対しました。今の汚染された地球環境をつくり出したのは、先進国ではないかと。自分たちで環境を壊しておいて、今、われわれが発展しようとすると、あなたたちは止めにかかる。たとえ環境が汚れても、われわれには煙突が必要なのだ、というのです。つまり「先進国が加害者で、われわれは被害者である」という論法です。

これがかなりの説得力を持ち、UNCEに「and Development」を付けてUNCEDと、会議自体の名前が変わりました。そのとき、自然保護と矛盾する「発展＝開発」(Development) という言葉を入れるために考え出されたのが、先進国にも発展途上国にも受け入れられる「Sustainable」という言葉だったのです。

「維持可能」と言うとき、先進国は、これ以上地球環境が悪化したら、もはや産業成長もあり得ませんから、これを「環境が維持できる限りでの発展」と読みます。それに対して、中国やインドをはじめとする途上国は、「Sustainable」という形容詞は「Development」にかかっていると考えて、「開発が維持できる」と読むのです。私はその場にいましたからよく覚えていますが、一九九〇年代初頭にサステイナブルという語が新しい言葉として入ってきて、それがリオの地球環境会議の中心概念になっていくのです。

成長という神話

しかし、各国はやはり「成長」ということにしがみつきます。それで「持続可能」という、双方に玉虫色の解釈ができる言葉になったのです。その妥協のおかげで、世界のエネルギーの消費量は減らず、ＣＯ２も増え続けるという状況が続いています。

現在の世界情勢を見てみましょう。最近、フランスで大統領選挙があり、社会党のオランド党首が、現職のサルコジ氏を破りました。なぜ彼が選ばれたのでしょう。もちろん、サルコジにはうんざりだという気持ちもあったでしょうが、国民感情の底にあったものはなんでしょうか。

ＥＵはギリシアの金融危機に続くスペインの金融危機を目の前にして、緊縮財政をとっており、それが庶民の間に不満を広げています。つまり、ヨーロッパ全体の問題なのです。そこに目を付けたオランド候補は選挙戦で、ヨーロッパの共同のアクションプランに「成長」の要素を入れると言いました。それで大統領選挙に勝ったのです。今月（二〇一二年六月）十七日にはギリシアで二回目の総選挙がありますが、そのキーワードはやはり「成長」というマジカルワードです。それで「緊縮」でやっていこうとする政府は負けるという現状があるのです。それくらい「Development」は現代人の体にしみ込んだ概念になっているということです。

地球と人類の現状は、このままではアポカリプス（黙示録）の予感を否めません。地球が再生力を持っていることは、環境学者のすべてが認めています。自然は回復するのです。しかしながら現在、人間はその元を破壊しています。回復力は銀行口座のようなもので、元金があると利子が出ます。その利子だけで生活できればよいのですが、それだけでなく、元金のほうにも手をつけるという状況が起こっているわけです。

グラフは何を語るか

なぜ人類は、地球の再生力の元までも破壊しようとしているのか。このことを考えるとき、やはり人口問題は切り離せません。日本のように少子化で総人口も減っていくという国ではピンとこないかもしれませんが、この地球上に住んでいる総人口のことをよく考えなければ、地球環境に関するあらゆる議論は無意味なものになります。

特に二十世紀というたかが百年の間、つまり、きんさん・ぎんさんが生きていたあの期間に、世界人口は四倍になりました。一人の人が、生まれてから死ぬまでの間の出来事です。しかもその間に、エネルギーの消費は十倍になっています。

今、国連の観測のデータでは、二〇五〇年に人口は九十二億に達するとされていますす。これはもちろん、地球が耐えられる限界を超えます。現在の七十億という人口でも、もし躍進著しい中国やインド、ブラジル、東南アジアの国々など、すべての新興国がアメリカ並みの水準の生活を欲するならば、地球が四個必要なのです。九十二億という状況になったときには、地球が五個か六個は必要でしょう。

一方、今、人類の横暴とも言える自然支配のおかげで、毎日百種の生物種が地上から姿を消していくという現象が起こっています。これは過去数世紀の平均の百倍のスピードです。それがさらに加速しているのを私は実感しています。というのは、私が

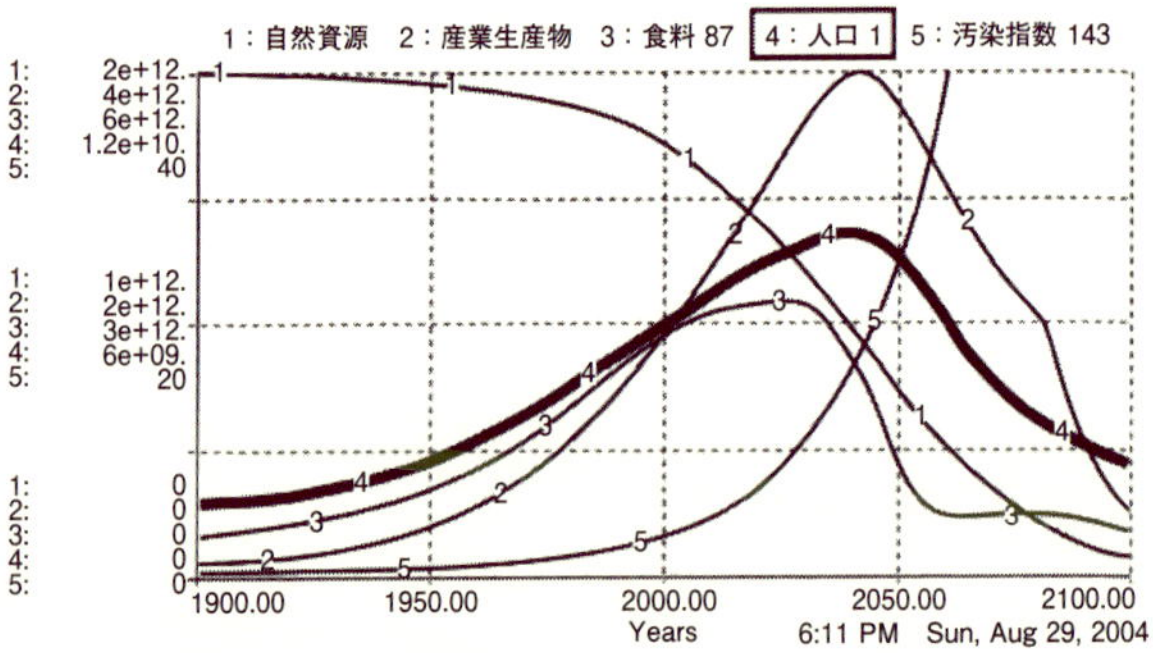

出典：D.H. メドウズ「参考シナリオ」に加筆

Ref:Dennis Meadows, “Limits to the Growth”, 1972

まだユネスコに在勤していたころ、今から約二十年くらい前ですが、その当時「人と生命圏」という環境専門部局の学者から、毎日五十種の生物種が地上から姿を消していると聞いて、驚いたことがあります。ところが現在では、すべての専門科学者が百種と言うのです。それほど恐ろしい現象が起こっているということです。

『地球との和解』（邦訳＝麗澤大学出版会刊）という本は、ユネスコの出した地球環境問題に関する高度の報告書です。この中から一つ、グラフを紹介します。

これは先に述べた環境の年、一九七二年に出た『成長の限界』という有名な報告書で使われたものです。ローマクラブという優れた研究グループによる報告書で、世界に衝撃を与えました。しかしいかんせん、この警告に応えて政策を変えた政府は、ほとんどなかったのです。ここに挙げた曲線は一九七二年、報告書の主筆であるデニス・メドウズが描いたもので、私が太線にしたところが世界人口の曲線ですが、これによると二〇四〇年、五〇年くらいにピークに達し、あとは環境劣化により減少せざるを得ないという見通しです。その他の曲線は、産業生産物、自然資源、食糧、あるいは汚染指数を示しています。

この一九七二年のローマクラブの予想は、その後、ほとんど当たっているのです。それでもメドウズは、先ほど紹介した『地球との和解』という本の中で、今すぐ人間が態度を変えれば生き残れるチャンスがあると主張し、「持続可能な発展シナリオ」という第二のカーブを描いています。それはこちらの本でご覧ください。

この図はすばらしいのですが、私はこれでもインパクトが少ないと思います。なぜならば、メドウズは一九〇〇年から二一〇〇年までの二百年を取っていますが、人類史とはそんなものではありません。もう少し歴史を広く見ていくと、これがどれくら

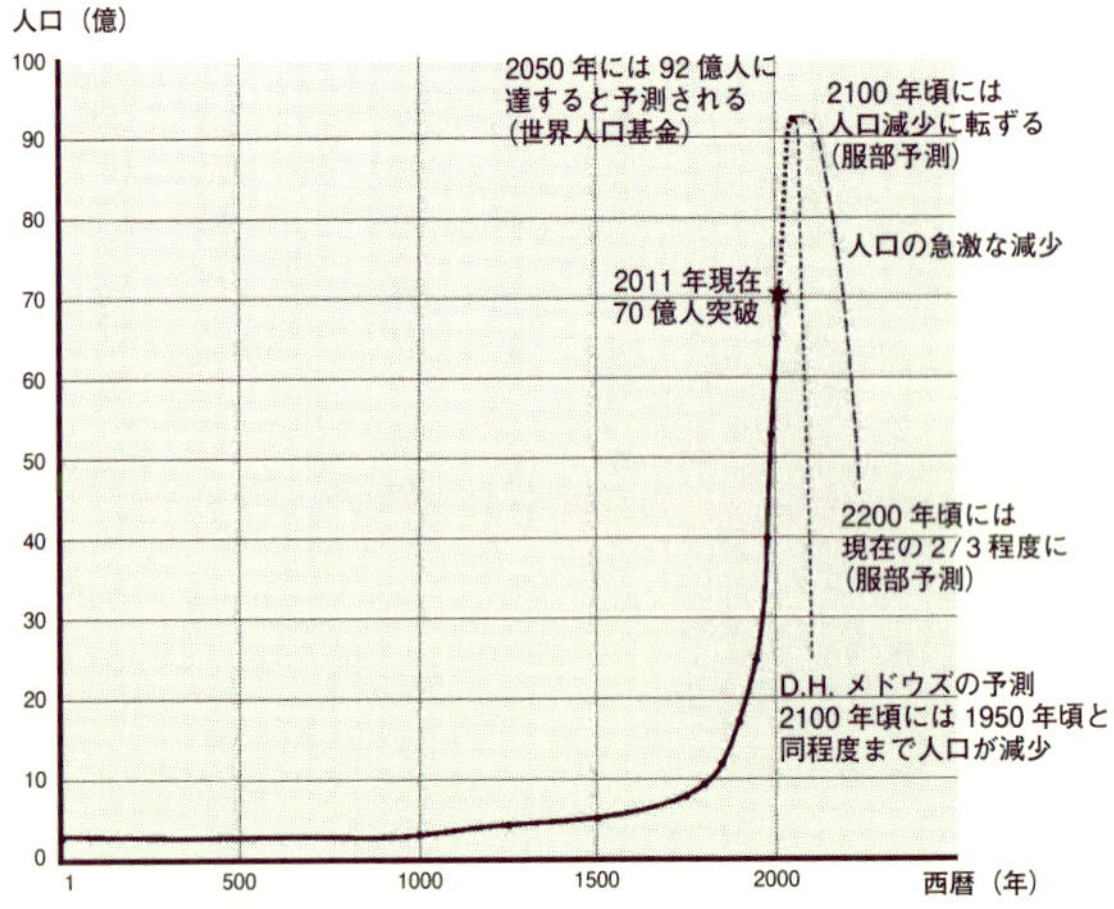

人口の爆発と未来予想

い急激な異常事態なのかがもっと切実に実感できるだろうということで、私が描いた図表がこちらです。

これはキリストが生まれた年から示したものです。人類が生まれてからというわけではなく、たったの二千年前から現在までと近未来を描いても、こういう角度で人口は上昇しているわけです。これを人口爆発と言います。十九世紀の化石燃料発見後のこの爆発が、いかに異常かということは、この図のほうが実感できるのではないでしょうか。私も、しばらくすると地球が耐えられなくなって、環境の劣化により、エネルギーや食糧の枯渇が起こり、人口の減少が始まると見ています。

メドウズの曲線は、二一〇〇年ごろには一九五〇年ごろと同程度まで人口が減少すると予測していますが、私はそうはならないと考えます。なぜならば、物理的な要素だけで見るとそうなっても、人間はそれに対処した知恵を働かすに違いありません。ですから私は、メドウズより少しだけ楽観的な曲線を描いてみました。しかしながら一つだけ言えるのは、この降下が始まるところでは、非常な痛みを伴うということです。現在でもアフリカや南米、それから中東で起こっていることとも関連しますが、厳しい葛藤を伴ったものになるでしょう。

この先にあるもの

まず、水の問題があります。これはすでに、国連の中に淡水をテーマとする一つの部局があるくらい、巨大な問題です。その予測によると、二〇二五年、もうほとんど明日と言ってよいこの時間帯に、決定的な飲み水の不足が起こるのです。現在もすでに起こっていることですが、この地上で数億人の人に、もう飲める水がないという状況が起こるということです。

さらに、すでに多くの人が指摘していますが、干ばつや洪水や暴風雨は、年々巨大化するでしょう。そして食糧とエネルギーの不足が起こる。地球規模の食糧不足というメドウズの先ほどの予想は、すでに現実に起こりつつあるのです。そのときに何が起こるか。それは文明の衝突ではなく、部族根性に戻った人間の生き残りの戦いであろうというのが私の予測です。

なお、かつて文明の衝突論というものがハーバード大のサミュエル・ハンチントンによって提唱され、世界の共通認識になりました。

世界には八つの文明圏があり、それぞれの頂上に宗教があります。それらの衝突、つまり宗教同士の争いが、特にキリスト教とイスラムの間に起こる、というのがハンチントンの予言です。しかしハンチントンは、大きな間違いを犯しています。

その一つは「宗教は戦う」というイメージであり、ユダヤ教・キリスト教・イスラムという同根の一神論グループだけに適用できる不寛容の概念を、ほかのすべての宗教伝統に援用していることです。仏教や儒教、あるいは神道というものが生きている地域（ハンチントンは日本も独立した文明の一つと数えています）に存在する、宗教的寛容を考えていません。それらも同じように戦うという、まさに無知と言いますか、ほかの宗教を学ぼうとしないところからくる過ちを犯しています。しかしながら、宗教は戦うという彼の主張は、メディアによる増幅作用を引き起こし、中東をはじめとする幾多の武力紛争を激化させました。

地球史の中の人類史

話は戻りますが、人類史の時間軸をもう一度考えていただきたいと思います。それはビッグバン、つまり宇宙が百三十七億年前に生まれたところから始まります。それから銀河系が生まれ、太陽系が生まれ、地球が誕生したのが約四十六億年前です。そして地上に生命が誕生するのが約三十八億年前で、それから人類の誕生、いわゆる猿人と言われるものも含めてですが、ほかの霊長類から枝分かれしたのは、七百万年前であるというのが最近の学説です。それからホモサピエンスという、われわれ自身の祖先の出現が約二十万年前です。

そして農業革命というものが、メソポタミアの肥沃《ひよく》な三角地帯で始まります。同じころ、長江河畔にも農耕が起こりました。これは一万年をもう少しさかのぼると思います。それから産業革命、これは約二百五十年前です。十七世紀の科学革命の帰結として、十八世紀に産業革命が起こった。こういう年代を考えるとき、この科学革命から現在に至る時間帯は、生命の出現は言うに及ばず、人類の出現から見ても、たったの三万分の一の時間帯です。この三万分の一の時間帯に、地球の破壊が起こっているのです。ですから、それは異常事態であると認識すべきです。

科学革命に伴って起こった大きなこと、それは「自然との離婚」です。人間が自然と離婚し、人の価値が「存在」から「所有」に変わっていく。それは理性至上主義と共に起こります。そして父性原理による「力の文明」です。われわれ地球システム・倫理学会が三・一一後に発信した二つの緊急声明の中では、この「力の文明」から「いのちの文明」への転換が必要であることを説いているわけですが、この中身はさらにこれから考えていかなければならないことです。

科学革命によって、人間は世界のすべてを知ることになりましたが、そのとき、われわれはむしろ総合的な「智」を失いました。それは人間の能力の中で理性だけに至高の価値を与える啓蒙主義を生んだのですが、そのとき、人間の知にひずみが生まれたのではないかと、今や反省する時が訪れています。

つまり、総合知としての古典の知恵に学ぶ。「足るを知る」という故人の格言の意味を思い出す。さらに最近、最先端の科学者、量子力学者、生物学者によって使われている、ホリスティック（全人的）なアプローチというものの意味を考える。そして、科学革命以来の理性偏重から、理性・感性・霊性のバランスの取れた人間像を回復するということです。

そうした関連で、先ほどの成長の問題に対しても、フランスの思想家セルジュ・ラトゥーシュが説くデクロワサンス（脱成長）の理論というものに、私は注目します。

先ほどの人口曲線の、頂上に近いところを横這《よこば》いに維持しようとしたら、とうてい地球は耐え切れません。ですから、地球を唯一の棲家とする人類の存続のためには、脱成長ということを考えなければならないのです。新しい指標はグロス・ナショナル・ハピネス、GNH（国民総幸福度）です。GNP（国民総生産）からGNHへの価値転換という、ブータンの前国王が言われたことです。ちなみに「Happy Planet Index」というサイトのランキングでは、世界最強国のアメリカは、幸福度で百二十位くらいになります。

「文明」は衝突しない

「ハンチントンの罠」という表現は、麗澤大学の松本健一教授が言い出したものだと思いますが、おもしろいですね。「文明の衝突」というハンチントンの予言をメディアがあまりにも増幅して報道したために、本当に衝突するという状況が起こっています。

ところが一九九五年、ユネスコで行ったシンポジウムでも話しましたが、文明とは「出会い」を必要とし、出会ってお互いに豊かになるという性格を持つものです。衝突とは、文明に対する無知から起こるものです。例えば、ブッシュ大統領は九・一一の直後、「彼らは文明に対して戦争を挑んだ」と言いましたが、この言葉は、実は東京裁判でキーナン主席検事が連合国側の定義によるA級戦犯に浴びせた言葉とまったく同一だと知っておくとよいでしょう。ここに文明に対する大いなる無知があります。九・一一、そして三・一一が、こうした現代文明の危機を露呈していると思います。それは近代文明の構造的欠陥である、と私は申し上げたいのです。そしてそれは、さかのぼれば、十八世紀にヨーロッパを覆い尽くした啓蒙主義というものがもたらした人間像のひずみに由来する、と。

先ほど述べたように、人間はそのとき自然と離婚しました。と同時に、母性原理というものが消失しています。かつてはこの自然、母なる大地への思慕の中に、母性原理があったのです。その後、近代文明を律してきた二元論的パラダイム、これは主客を峻別《しゅんべつ》する存在論ですが、これが今こそ終焉《しゅうえん》を迎えるべきだと私は言いたいのです。

三・一一によって明らかになったのは、突き詰めれば二元論的パラダイムの害悪です。そこで、この二元論的パラダイムというものを、もう少し明確にしたいと思います。そのため、科学革命の話に戻りましょう。

科学革命はなぜヨーロッパだけに起こったか

科学革命は、十七世紀のヨーロッパに起こりました。

伊東俊太郎先生の有名な五大革命説では、第一に人間革命というものがあって、人類が霊長類から独立しました。次に農業革命があって、人類はがらりと生活様式を変えます。そして、今から約五千年前に都市革命が起こって、また大きな転換がありました。本当の文明というのは、都市革命以降だという人もいます。

次は精神革命という、世界に諸聖人が現れる時代です。ヤスパースの言葉で言うと「枢軸の時代」であり、紀元前六世紀に始まる数世紀の時代です。キリストの出現まで含めることもできますが、人類の精神的な指導者、つまりモラロジーの創建者・廣池千九郎博士が「四大聖人」と言った人たち（ソクラテス、イエス・キリスト、孔子、仏陀）は、全部その時代に生まれています。そして最後に、十七世紀に科学革命が起こるのです。ところがこの科学革命というものは、その前の四つの革命がほぼ全世界に同時多発的に起こっているのに対して、ヨーロッパという一地域だけに生まれました。

ここで、なぜ科学革命に限ってヨーロッパだけに起こったのかということを問わなければなりません。私が注目したのは、ロゴスという概念とトーラーの概念です。トーラーというのはユダヤ人の戒律です。旧約聖書では、創世記からモーセに関する五書がありますが、これがトーラーなのです。これに対し、ロゴスの世界観とは、古代ギリシアに起こった自然科学の世界です。

この二つの異物を融合したヨーロッパには、中世の黄昏、厳しい聖俗の葛藤がありました。聖とは教会のことで、俗とはいわゆる学者を意味します。特に科学者です。その間の葛藤とは、言い換えると「理」と「不条理」の戦いでした。

そこに起こったのが「倫理と真理の棲み分け」です。つまり教会にあるのは、実際は不条理な教えなのです。バイブルを読んだ人は感じていると思いますが、この聖典はロゴスを超越しており、単に信ずるほかはないものです。例えば三位一体、父と子と精霊は一体であるという概念も、信ずるほかはない。処女が懐妊する、これも信ずるほかはない。キリストは復活する、これも信ずるほかはない。そうしたすべてのものが、キリスト教の説く真の世界であり、それは理性の世界ではありません。そこで中世以降、あくまでも理性で真理を求める自然科学と、信を上位に置く教会との戦いが、非常に永く続くわけです。

このときに起こった重要なことが、倫理と真理を棲み分けるという解決方法だったのです。つまり、価値を問う真理は教会の教えだ、価値を問わない真理は科学がやるべきだという二重真理説です。端的に言えば「倫理は教会、真理は科学」という棲み分けです。ヨーロッパは教会と自然科学の拮抗を、この棲み分けで切り抜けてきたため、そこから「科学は価値を問わず」、英語で言うとバリューフリーという、根本的な科学の立場が生まれます。

「価値を問わない」とは、「善悪を考えない」ということです。善悪は教会の領域だから、科学が考える必要はない、という立場です。そしてそれが、後々の戦争の文化というものを生み出した、と私は考えます。そしてついに、広島、長崎に原爆を投下したマンハッタン計画に至る、ということです。

「ヨーロッパ」の姿を読み解く

ここで、私が描いた図をご覧ください（一五九ページ参照）。このように描かなければ、ヨーロッパは理解できないと思います。一方はギリシアのロゴス（理）で、もう一方がトーラー（信＝不条理）の世界、これらは実は水と油です。

トーラーの世界がいかに不条理かという一つの例を挙げましょう。ユダヤ人の祖となるアブラハムは、百歳にして子供を得ます。その妻はサラです。年からして絶望的になっていた二人に、夫百歳にしてやっと息子を授かるのです。これがイサクです。

ところがあるとき、神はアブラハムに何を命じたか。「汝《なんじ》の子、イサクを生贄《いけにえ》とせよ」。これが不条理の世界なのです。キルケゴールはこのためだけに『あれかこれか』という本の中の一章を割いています。キリスト者たることを求めた彼は、聖書のこの物語に悩み悩んで、それがこの本の根幹になっているのです。

生贄となる羊のことを、ヘブライ語でホロコーストと言います。丸焼きにされる贖《しょく》罪《ざい》の羊、これがのちに別の事件で使われたホロコーストの語源です。

アブラハムはイサクを連れて山に登ります。するとイサクは「お父さん、ホロコーストはどこにいるの」と聞きます。アブラハムは「この先に神様が用意してくれているよ」と言ってどんどん登っていき、最後に行き着いたところで薪を積みます。その上で、のどをかき切った贖罪の羊を丸焼きにするのが、生贄の儀式です。ところがそこに羊はいません。アブラハムはそこでいざ、自分の子供を殺そうとするのです。

百歳の父親が剣を振り上げたとき、天使が現れて「待て」とその手を止めます。「おまえの信仰心はわかった」と言うのです。これがアブラハムの物語です。このような世界を、どうして理性で理解できるでしょうか。これは完全に不条理の世界です。ただ信のみがある、という世界がここにはあります。

イエスの磔刑《たっけい》後には、何が起こったでしょうか。一世紀にローマがユダヤ人をエルサレムから追放し、ユダヤ人は世界に散っていきます。その一部がローマに行き、迫害されつつローマ帝国の地下に潜ってキリスト教の信仰を守り、ひっそりと生き延びる。これが二百年も続くのです。そして、やっとコンスタンチヌス帝のような人が現れて、キリスト教はローマに公認され、さらには国教になります。これが四世紀です。その四世紀に何が起こったかというと、元来はユダヤ＝キリスト教とは無縁で、それと戦ってきたギリシアの後継者、ローマがキリスト教の教義を吸収するのです。そこに生まれてくるのが中世ヨーロッパという、キリスト教の世界です。神学のほうではカルタゴの大司教であったアウグスティヌスもいますが、十三世紀にパリの神学校、ソルボンヌでカトリック神学を大成したトマス・アキナスが最高峰だと私は思っています。教義神学の哲学化をスコラ哲学と言いますが、トマスにより、それが集大成されます。ここにヨーロッパが生まれた、と言ってよいほどです。

ですからヨーロッパとは元来、理性と信仰、理と不条理の合体なのです。これがスコラ哲学により、非常にうまく止揚（アウフヘーベン）され、見事な神殿になるのです。これが中世ヨーロッパの姿です。イギリスの歴史家トインビーは、シャルトルの大聖堂を見て、これがトマス・アキナスの『神学大全』の具現化だと言っています。

『神学大全』という本は、私自身も京大の院生時代、高田三郎先生によるラテン語原典からの翻訳のお手伝いをしたので、非常に印象深く心に残っているのですが、シャルトルの大聖堂のような大作であり、傑作です。原名「Summa Theologica」の「Summa」とは「集大成」を意味し、この中に当時のヨーロッパのすべての思想が集約されています。ところが、これはやはり水と油のように異質なものの大胆な合成の仕事であったのです。

水と油は長く合成しておくことはできません。フレンチドレッシングは、サラダにかけるときにビンを振れば、きれいなドレッシングになりますね。しかしビンをテーブルに置いておくと、次第にお酢と油に分かれていくでしょう。そういう現象がヨーロッパで起こる。つまりトマスのやったことは、見事なフレンチドレッシングの完成だったのです。トマスの死後は、その後継者たちによりスコラ哲学は続いていきますが、十四、五世紀になると、それがお酢と油に分かれていくという現象が起こります。そのころにはペストの大流行もありましたが、この分離現象には注意すべきです。

その十五世紀の世界を見事に描いた作家は、日本では平野啓一郎です。芥川賞を取った『日蝕』には、まさしくこの中世の黄昏が描かれています。異端審問も錬金術も出てきます。修道者である主人公は、ある本を求めてイタリアへの旅に出て、数々の奇怪な体験をする。この過程が、妖しい濃紺の星空を見るようなタッチで書かれているのです。

一五九ページの図では、ロゴスとトーラーがスコラ哲学により合成され、これがまた分かれて、元へ戻っていく様子を表現しました。トーラーの世界は、ルターやカルヴァンの宗教改革となります。一方、ロゴスの再発見がルネサンスになるのです。

実は、この前には「十二世紀ルネサンス」というものがあり、そこではアラビア、つまりイスラム世界の貢献が非常に大きいのです。それにより、古代ギリシアの学問がヨーロッパの中心に入っていきます。それがあったからこそ、スコラ哲学も成り立っています。

例えば、アリストテレスの著作が十二世紀にラテン語に翻訳されたのは、スペインのトレドの図書館においてです。そこにはアラビア語版の全集が残っていました。ギリシア語からアラビア語に翻訳されていたものを、アラビア語からラテン語に訳すという作業が行われたのです。というのも、アリストテレスの原典は一部を残し、散逸していたわけです。トマスは新しい神学をセミナー形式で書くにあたって、このラテン語訳をベースにしていますから、アラビアの仲介があって『神学大全』が成り立った、と言ってよいのです。

このようなアラビア経由のギリシア哲学に触発されて、理性主義も台頭します。私はルネサンスは人本主義、あるいは人間中心主義であると考えます。それが確定するのが十五世紀のイタリア・ルネサンス、十六世紀のフランス・ルネサンスであると見ています。

その同じころには、宗教改革が起こっています。ですからこの二つは、本来的に矛盾した要素の合成という、無理をはらんだ中世からの双方向への原点回帰と言えるのです。これがヨーロッパの姿です。そしてこの転機には、ヨーロッパがアラビアを通してギリシア的理性を再発見していることを銘記してください。このアラブ世界の貢献は、伊東俊太郎先生の『十二世紀ルネサンス』(講談社学術文庫)という本を読むと、非常によくわかります。

つまり、ルネサンスのことを文芸復興と言うのは当たっていないということです。私は「人本主義」(ヒューマニズム)と訳したほうがよいと思います。つまり、人間中心の世界観です。そのときまでは、人間は神から見られている存在であったのですが、それが神を見る存在に変わった。神さえも対象になる。これは重大な転換でした。

このとき、ものの認知の仕方が変わります。コミュニオン（合体）という深い知覚が、パーセプション（知覚）になる。このニュアンスの違いが重要です。例えば、本当の宗教的な絵画を前にしたとき、それは対象ではありません。ロシア正教会のイコンは、イコンそのものがご神体であって、神を対象として描いたものではないのです。それを拝する信者の態度はコミュニオンなのです。それに対して、パーセプションというのは知覚です。あくまでも前に置かれた対象を見る。ですから、見る主体と見られる客体が分かれた状態において、パーセプションというものは起こります。一方は主客合一、他方は主客二分です。

自然を超越した「デカルトの目」

それが実は、デカルトがしたことです。このデカルトの目というのは大変な革命でした。これを理解するために、生命系というものを考えてみましょう。人間はもちろん生命系に属しています。

「生命誌」という言葉は中村桂子さんが提唱したもので、生命の歴史（ヒストリー）ではなしに、生命の物語（ヒストリア）を読み解くものです。デカルトがやったこととは、その生命の体系から、人間、それも主観としての自己が抜け出るということです。これを、私は先ほど「自然との離婚」と言いました。その元はコギトです。「われ思う、ゆえにわれあり」（Cogito ergo sum）という言葉は、皆さんもご存じですね。コギトとは「思う」「考える」ということです。

ちなみに、ここではコギトという一人称単数の動詞の語尾で「われ」という主語がはっきりしていますので、「エゴ・コギト・エルゴ・エゴ・スム」の主語であるエゴは抜かれています。「ergo」は「ゆえに」、「sum」はbe動詞の一人称単数です。なお、自ら校正したラテン語版で、デカルトはこの「sum」の後に「existo」と書き加え、「われあり」の意味を強調しています。

この「われ思う、ゆえにわれあり」とは、デカルトを語るときに皆が引く言葉です。

生命誌絵巻（中村桂子『生命誌――生命という知』より
協力：団まりな、画：橋本律子）

理性で思考する、意識としての個人とは、このとき限りなく抽象的な存在となっていきます。つまり、ここに地球があるとすると、デカルトの目は地球の外にあるのです。われわれは、もちろん地球内の存在です。ところがこの目は、そこから超越している。これが自然全体を対象(object)として見る目です。

こんなところにある目はほかならぬ、創造神の目です。このとき、人間は神に代わったのです。中村桂子さんは「生命誌絵巻」というものをつくられていますが、生命というのは一点から始まり、カンブリア紀の種の爆発等を経て、扇状に広がっていきます。これが進化の歴史なのです。「進化とは、多様化のことである」。これが中村さんの言葉です。そして人間も、この扇の中に入っています。ところが先ほどのデカルトの目は、扇の外にあるわけです。そこが大きな違いです。

「（人間はあたかも）自然の主人にして所有者となった」。これはデカルトの『方法叙説』（多くの訳本では「叙」を「序」していますが、正しくは『方法叙説』です）の中に出てくる言葉であり、近代文明をつくった言葉です。非常によく引かれる言葉であり、「知は力なり」というベーコンの言葉も、これに対応しています。

「光の世紀」に起こったこと

啓蒙主義は英語で「Enlightenment」と言いますが、十八世紀をピークとする理性至上主義のことです。フランス語では、この世紀を「光の世紀」と言います。このとき、理性に至上の価値が付与されました。これもデカルトが出発点です。一方、感性と霊性は下位に置かれます。そこから何が起こったでしょうか。確かに科学は進み、物質文明は大きく進歩しました。しかし同時に、啓蒙主義は差別の原理になったのです。

まず女性が差別されました。女性は理性と感性を分かち得ない存在であると判断されたためです。そのため、ヨーロッパでは女性が下位に置かれることになったのです。次に、子供が差別の対象になりました。子供は理性がまだ完全に成熟していない存在、すなわち未完成な人間であるとされたためです。

それから、ヨーロッパ人以外の民族のすべてが差別の対象になります。これは「彼らは理性を独立させていない」という理由です。理性・感性・霊性というものを生活の中で渾然一体《こんぜんいったい》として生きている民族は、すなわち野蛮人であり、啓蒙されるべき存在、とされたのです。完全に理性的な存在にならない限り、啓蒙主義にとっては未開人なのです。それが植民地主義の正当化にも使われた理論でした。

ところが先ほど言いましたように、このとき人間存在の喪失が起こるのです。つまり人間が理性のみの存在になるということは、人間がその存在の半分を失って、抽象的な存在になるということです。これは私が昨年、オーギュスタン・ベルクと対話をしたときに、一番意見が合ったところです。それが所有欲を生み出すのです。

「人間は存在の半分を失った。その空白感を埋めるために所有に走った」。これはオーギュスタン・ベルクの言葉ですが、ガブリエル・マルセルの言葉を使うと、存在から所有に価値観が転向するということです。マルセルは、存在と所有は反比例するということを、『存在と所有』の中ではっきりと指摘しています。すると、神はどうなるのでしょう。

「神は何も持たない、神はすべてであるから」――実はマルセルの『存在と所有』には、この言葉はありません。しかしこれはよくあることです。例えばルソーは「自然に帰れ」と言ったとされますが、ルソーのどの本にもその言葉はありません。しかしそれは間違ってはおらず、ルソーの思想を集約するとそこに行き着くということです。マルセルの場合も、彼自身が書いた本ではありませんが、トロワフォンテーヌという神父の著作に、マルセルの思想を突き詰めるとこうなると書いてあるのです。

存在と所有は反比例する。これはすばらしい指摘です。思えば良寛やアシジの聖フランチェスコのような人々は、無一物でした。

倒された「王権」と「教権」

そこでわれわれは、次の問いを立てます。教会はなぜ破壊されたのか、と。近代を象徴するフランス革命の後、教会が破壊されます。ルイ十六世とマリー・アントワネットがギロチンにかかり、王室が絶えたことは知られていますが、同時に教会も破壊されていることはあまり知られていません。略奪もありました。われわれが知るべきは、なぜそうした教会の破壊があったのかということです。

中世において教会は、その教会をつくった住民たちの「家」であり、心の拠り所でした。ところが、近代の所有の価値観から言うとそうではなく、住民は貧しいのに教会はあまりにも立派だ、大変な財宝を持っている、ということになります。今のバチカンのように。これは正義だろうか。個人主義が確立した所有の価値観から言うと、そうなるのです。

しかし中世において、例えばシャルトルの大聖堂をつくった人々は、「ここにはマリア様の住むお家がない」と言って、あるものを持ち寄り、それをつくったわけです。貧しい人はその人なりに労力を出し、お金のある人はお金を出し、技術がある人は技術を出す。皆が自分にあるものを持ち寄って建造したのです。ですからその教会は、他人のものではなく、自分たちの「心の家」です。お金持ちの屋敷とは違い、共有財、あるいは公共財です。そこにお参りして、そこで心を癒《いや》され、そこを集会所として生きてきた、そうした中世のコミュニティの生き方があったのです。

ところが十四、十五、十六世紀と続く、いわゆる異端審問によって、だんだんそのコミュニティが破壊されていきます。また、魔女狩りが行われ、錬金術師も異端とされて、大勢の人が殺されていく。そのとき教会は、精神的な支柱というよりも、王権に次ぐ一つの権力になり果てた、と言えます。異端審問とは、旧ソ連のKGB（国家保安委員会）のやり方を思わせるものでした。教会はこうして変質しました。フランス革命は、王権を倒すのと同時にこのような教権を倒したのです。

「所有の文明」の到達点

所有の文明というものが近代資本主義をつくるとき、すべてが数字化されていきます。量のみならず質さえも数字化され、さらに人さえも数字になるという時代が来ました。チャップリンの「モダンタイムス」はその痛烈な批判でしたが、その最たるものは、金融工学だろうと私は思います。これを市場原理主義と言いますが、こういうものが現在世界を席巻している。これは所有の文明の極みです。これが一対九九パーセントという社会構造を生み出しているのです。この数字は、まさに戦争の文化の数字です。それに対し、マハトマ・ガンディーはこう述べています。「地球は人類全体の需要（need）を満たすことができる。しかし強欲（greed）は満たせない」と。

先ほど言ったように、十七世紀以来、人間はその半分を失いました。その空白感を満たすために、グリードに走るのだということでしょう。

そこで現在起こっているのが、地球全体での資源の奪い合いです。まさに倫理なき商売です。この人間の態度を表すのに、オーギュスタン・ベルクはもう一つ、「外閉」（Forclusion）という言葉をつくり出しています。「都合の悪いことは家の外に出して戸を閉める」ということです。例えば、日本で失敗した原発という危ない装置を、日本ではつくらないが、ほかの国には輸出する。自国ではまずいが、ほかの国ならよい。そういう態度はまさしく「外閉」であり、倫理に悖《もと》る行為だと思います。

孤児となった人間

「母なる大地」（Magna Mater）という言葉がありますが、これは実は地上のほとんどすべての民族が持っていた信仰です。この大地母神が、西欧にキリスト教が入った四世紀以降、殺されていきます。そして科学革命以降、十七世紀に人間は「父なる神」を殺し、これに代わっていきます。つまり、人間は父母を共に殺した存在として、近代文明の創立者になっていくということです。

「神は死んだ」とは、ニーチェが『ツァラトゥストラはかく語りき』の中で述べた有名な言葉です。しかし、ニーチェが神を殺したように考える人がいたら、それは間違いです。ニーチェはすでに死んでいた神を見出したのです。

ニーチェの後に起こるフランス革命では、先ほど述べたように、王権と教権が倒されました。そこでつくられた人権宣言は、世界人権宣言のもとになるものですが、神という言葉はいっさい出てきません。では、神に代わって社会を律するのは何か。それが契約、すなわち「法」という思想です。ホッブスやロックやルソーの考えも、ここから出ています。神なき人間同士の社会契約としての「法」は、インド思想のダルマ（法＝真理）ではありません。ユダヤ＝キリスト教で説かれた神の律法としてのトーラーでもありません。「法」と「律」という言葉を使っていますが、それとは違うものだということを申し上げておきます。

また、ここには「未来世代の権利」が欠けています。フランス革命の人権宣言は、現存する個人と個人の約束であり、未来世代ということはいっさい出てきません。これが重要な点です。もっと言えば、それは男性間の約束であり、さらに、選ばれた市民同士の約束です。

それに対してジャック・イヴ・クストーは、私が非常に尊敬していた人ですが、「未来世代の権利憲章」というものを請願し、大きな運動を起こしました。これが全世界で二百万人くらいの署名を集め、一九九七年、クストーが亡くなった年に、ユネスコ総会で「未来世代に対する現代世代の責任宣言」として結実するわけです。このとき全世界は、この宣言にこぞって賛成し、採択しています。ところが、いまだに地上の誰も解決策を見出していない核廃棄物をつくり出し、有害な放射能を何千年も未来世代に残すという行為は、明らかに国際社会での誓いに対する違反行為です。自らがサインした「未来世代に対する現代世代の責任宣言」に対する背信行為であると、私は言いたい。それが地球システム・倫理学会が今年(二〇一二年)の三月十一日に出した、第二次緊急声明の核心を形づくっています。

「間」に光あり

以上を要約しますと、デカルトから出発した啓蒙主義の問題がありました。ロゴスとは「分ける能力」ですが、最初に分けたのは主と客、すなわち二元論と言われるものです。対象を外から観察する目を持ち、すべてを客体化したところから、分析や細分化、専門化が起こってきます。これは科学的態度と言われました。しかし、この科学的なアプローチは実体の一面を細かく観察しても、総体的な知は産みません。なぜならば、「対象から離れた目」には物事の一面は見えますが、その内側や裏面などは見えないのです。ガンディーの言った「サティーアグラハ」（真実の把握）には至らない、ということです。

認識論というものが、カントをはじめとして十八、十九世紀に花開きますが、その前提には二元論があります。主体と客体、主観と客観の峻別があるのです。カントが『純粋理性批判』の中で問うたのは、「モノそのもの」の認識は可能か、ということです。結論は「できない」ということになるのですが、なぜ彼はこのような問いを立てなければならなかったのかを、むしろ問わなければなりません。世界のほかの地域でこれを問うたことはありませんし、ヨーロッパも近代以前には問うていません。古代ギリシア哲学にも、この問いはないのです。それなのに、なぜそれが必要だったのか。

これが、先ほどの二元論から出発したことの帰結です。カントの設問自体に、先ほど述べた科学主義の父と言われるデカルトの目がある、ということです。

また、ここでぜひ考えたいのは、西欧の科学的思考を律した排中律の横暴です。アリストテレスの論理学の三つ目の法則ですが、中間を排除しますので、あるものはAか「non-A」かで、それが同時に成立することはあり得ないということです。「To be or not to be」ですね。これはまた、光か闇かという問いになり、九・一一後のブッシュの言葉、「われわれにつくか、テロリストにつくか」につながっていきます。

排中律の思想は「間」というものを考えませんが、実は「間」が大切なのです。人間の深層は「間」を生きているのです。さらに哲学的に進めば、「一即多」「色即是空」の世界観があります。これはイスラムの哲学とも通底するものです。ですから、こういう排中律の横暴を正す、ホリスティックな人間把握が必要となります。

それは理性偏重を正し、「感性や霊性と響き合う理性」を取り戻す、ということです。全人性を取り戻すと言い換えてもよいでしょう。これが、われわれが問うている父性原理から母性原理への回帰、あるいは母性原理の見直しなのです。母性原理とは何かについては鶴見和子さんの言葉が一番よいのではないかと思います。「いのちの継承を至上の価値とすること」、それが母性原理であるという定義です。その点、われわれの地球システム・倫理学会の方向は定まっています。

ここで申し上げたいのが、包中律（included middle）という新しい言葉です。私がこの言葉を最初に聞いたのは、一九九三年、スイスのロカルノで行われたシンポジウムで、ルーマニアの理論物理学者が発表したときでした。排中律ではなく包中律というものがある。実体（Le reel）は複数の次元を持つ、と。これを敷衍《ふえん》していきますと、今述べた「間」の考え方にも、日本に存在した「間」という観念にも行き着くのです。「間」とは時間であり、空間でもあります。

「間に光あり」というのは私の言葉ですが、その例証として申し上げたいのは、ゴッホの「ひまわり」はなぜあれほど輝くのかということです。実はゴッホの絵には、黄色だけでなく褐色、緑、青など、さまざまな色が混ぜ合わされずに並置されています。それらは異なった色と色の「間」によって、灰色にならずに光を放つのです。

今思いついたので例に加えますが、世界遺産に登録されているシドニーのオペラハウスは、真っ白な帆掛け船のように見えますが、あのタイルは白だけではありません。よく見ると二十に一つくらい、褐色のタイルがはめ込まれています。そうすると、白よりも白く輝くのです。すごい技術ですね。ゴッホの「ひまわり」と同じです。

総合知こそが未来を拓く

一九九五年、国連大学で行われたユネスコ創立五十周年記念シンポジウムでは、結論として「東京からのメッセージ」が発信されました。起草者はアメリカの量子物理学者、ヘンリー・スタップとカール・プリブラムです。そこに次の一節があります。

「新しい全一性の認識によれば、全体は部分に包含され、部分は全体に行きわたっている」

私はこれを「全は個に、個は全に遍照《へんじょう》する」と訳しました。

この考えは、すでに排中律を完全に乗り越えた立場に立っています。これが現在の量子物理学の存在論だとすると、それは「一即一切、一切即一」という華厳思想にも一致します。「一即多、多即一」という禅の言い方でもよいでしょう。そしてイスラムのタウヒードの思想とも通底します。哲学者の西田幾多郎は、絶対矛盾的自己同一という言葉でこのことを表現しています。西欧哲学はここにこそ限界がある、と。

これは西欧の良心、ガブリエル・マルセルの指摘ですが、フランス語で「問題」を表す「Problème」という語は「前に置く」の意味で、自分から切り離して「対象」とするときにしか「問題」は起こりません。決して主と客に切り離せないものを、彼は「神秘」（Mystère）と呼んだのです。

実体を水晶のような結晶であるとすると、科学は自らを水晶の外に置き、その一面を観察しますが、水晶自体の中には入っていけません。ここに問題があるのです。私は、人文科学が自然科学の方法を踏襲したことに限界があるのではないかと思っています。われわれが今、求めるべきは「総合知」、つまり感性・霊性と響き合う新しい理性主義に基づいたホリスティックな存在把握であり、それを可能にするのは領域横断的なアプローチである、ということです。

精神革命の師たちの言葉は、まさしくそうした主客の二分法、二項対立にのっとつた言葉ではなかったのです。四人の先覚者たちに特徴があるとすれば、その誰一人として、自らの著作を持っていません。その四人の教えとして知られているのは、それを祖述した人が書いたものです。ということは、それらの人が全人性を持って教えを説いたことの証拠です。すなわち全人的な人格の力が、人々を動かしたのです。

このような人格の言葉の中には、真理と倫理の合一が見られます。それは「知」(Scientia) ではなく、「智」(Sapientia) と呼ばれるものであるのです。

【コラム】伊勢神宮のように生きる

行動する哲人の祈願

二十世紀は激動の世紀でした。二度にわたる大戦、その後の無数の局地戦争、米ソを極とした冷戦、それは一九八九年末のベルリンの壁の崩壊によって、やっと終焉したかに見えましたが、その後もボスニア、コソボ、東ティモール、パレスチナ等の戦禍は止まることを知らず、何か人類の盲目的な負の意志が地上を覆っているかのような感を抱かせます。毎年行われるサミットにも、もはや昔日の精気はなく、色褪《いろあ》せた感を拭《ぬぐ》いきれません。

私は思い出します。四十年ほど前、パリの南の方、静かなヴェリエールの館で向かい合っていた人の発した言葉を……。

「十九世紀は進歩の時代だった。二十世紀は戦争の時代で終わるだろう。そして二十一世紀は文化の時代となるだろう」

その人はアンドレ・マルロー。この行動する哲人の言葉には一つの祈願が込められていることを、私は即座に理解しました。「二十一世紀には、人類は物質文明を脱し、精神性を取り戻さねばならぬ」という、真摯な祈願です。

しかしながら、この文化の世紀とは、一つ間違えれば、サミュエル・ハンチントンの説く「文明の衝突」に至る可能性を秘めたものです。このハーバード大学の戦略研究家によれば、イデオロギーの戦いはすでに終わり、それに代わる将来の戦争は、異質の文明間に起こることになります。それは宗教を異にした民族間の闘争の形をとります。原理主義はその最たるものですが、それこそが精神的なものへの回帰である、と言われたら、反論は実は難しいのです。そして、彼の言う宗教＝文明＝民族間の闘争は、その所説を裏付けるかのように、エルサレムをめぐる血の争いになったばかりか、かつてはインド洋の真珠と言われた穏やかな仏教国スリランカ、そしてカシミールにも及んでいるのです。

衝撃的な「予言の書」でもあるこの本には、しかし、多くの欠陥があります。その最大の一つは、人類史の風土・環境との関係の考察の欠如、言い換えれば生態学的アプローチの欠如です。そしてもう一つは、宗教というものを一つのモデル、すなわち唯一神教であるヘブライズムのモデルから、故意に他の宗教に拡大して援用していることです。その結果、なぜ戦争の世紀が到来したのか、の根本が説明されていません。

倨傲の時を脱してこそ

人類の犯す大量殺人の行為、戦争を考えるには、二つの根本的要素を忘れてはなりません。一つは人口爆発、もう一つは人類の進歩の盲信です。

歴史上、人口爆発は二度起こりました。一度目は約一万年前、気象の変化により人類が狩猟・採集生活から農耕生活に転じたとき、すなわち農業革命の時代です。このとき「貯《たくわ》え」が可能になったことにより人口は増え、同時にその貯えを奪おうとする戦争が始まりました。

二度目の人口爆発は、十八世紀から十九世紀の産業革命の時代にその源を発しています。自然を支配せんとした時代、化石燃料という最大のエネルギー源を発見した人類は、一挙にその数を増やします。一八〇〇年に十億人、一九〇〇年に十七億人、そして二〇〇〇年に六十億人を突破したこの人口のカーブを、頭に描いてください。成田きんさんが生まれてから亡くなるまでの間に、この地球は実に四倍もの人間を養わねばならなくなっていたのです。

この人口のカーブは、日本経済のバブル期のカーブを思い起こさせます。したがってバブルの崩壊と同じ結末をも。

十九世紀、科学と技術はすべての人に福祉をもたらす、と人々は確信しました。数々の発明は人々に薔薇色《ばらいろ》の将来を約束し、人間の生活は無限に進歩するという錯覚を与えました。そのころ生まれた資本主義はすべてを商品化し、すべてを数字化しました。

実はこのとき、人類は三つの大きな誤りを犯していたのです。

一つ目は、地球の資源は無尽蔵ではないということに気がつかなかったこと。

二つ目は、物質文明の進歩を人間自身の進歩と同一視し、人間の内面には数字化できないものが存在することを見逃したこと。

三つ目は、「進歩」の概念自体が、実はあまたの宗教の一つであるヘブライ・キリスト教の時間論、すなわち時が方向を持ち直線的に進むという時間論の枠内で生まれた、ということに気がつかず、それが普遍的であると信じたことです。そして彼らは、この時間論が人類の「終末」を予言する時間論であることを忘却していました。

恐るべき戦争の二十世紀は、この十九世紀の進化論的科学主義の内蔵した三つの誤謬《ごびゅう》から導き出された必然的な帰結でした。

今、二十一世紀を迎えて、私が人類に対して行いたい提言は、こうです。

伊勢神宮のように生きよう——。

二十年毎に白木の社が、悠久の姿でよみがえる。それは旧にして新、絶えざる原初への回帰、宇宙に満ち充ちた、いのちとの触れ合いです。

五百万年の人類の歴史、そのたった二万分の一の時間帯に起きた人間の倨傲《きょごう》の時を脱してこそ、新しい世紀が拓かれるでしょう。

おわりに――日本人とは

二〇一一年三月十一日、東日本を襲った未曾有の大震災のニュースは世界を駆けめぐりました。一万数千人の命を奪った圧倒的な津波の恐ろしさ、マグニチュード九の地震にはかろうじて耐えても、十五メートルの津波には耐えられなかった福島第一原発、核燃料のメルトダウンが引き起こした放射能の恐怖。しかし世界の人々をもっと驚かせたのは、そのような事態にあっての人々の節度ある行動でした。日本人の「勇気と品位」はその直後のフランス・ドーヴィルでのG8首脳会議でも賞賛されました。

この予期せぬ大災害にあたって被災地の人々が見せた思いやりと自己犠牲、礼節、そして感謝の心は、人間の美しさを示すものでした。

累々たるがれきの中でも、わずかな品物を売る店が出れば黙って列をつくる人々。自分の名と電話番号を告げるだけでお金を引き出せる銀行。直ちに現地に飛んだ数々の救援隊。避難所で寒い夜を過ごしながら、やっと届けられた一個のおにぎり、一杯の味噌汁に「ありがたいことです」と言う高齢者。これらの映像は世界の人々を感動させました。

外国からの援助も続々と寄せられました。「トモダチ作戦」の名の下に圧倒的な機動力を発揮したアメリカはもとより、隣の韓国・台湾・中国の行動も素早いものでした。そして最貧国のカンボジア・バングラデッシュ、果ては戦乱のアフガニスタンからさえも、その気持ちが届けられたのです。「いつも日本にお世話になっているから」と。

今回の惨事は、確かに日本の経済に打撃を与えました。しかし、この国はまた立ち上がりつつあります。世界からの温かい声を背にした自らの回復力で。それにこの試練は、平和に慣れた日本人がふだんは気がつかない、もっと大切なものを教えてくれたのです。それは、この国に住む人々の心の底に潜む「絆《きずな》」です。

とりわけ私の心に残っているシーンがあります。

東京のとあるコンビニで、一人の少年がお菓子の袋を胸に抱き、百円玉を握りしめて、レジの前に並んでいました。レジの横には震災募金箱が置いてありました。少年は黙ってそれを見ていましたが、自分の番が来ると、握りしめていたお金をその募金箱に入れ、お菓子をもとの棚に戻しに行ったのです。その背中を追いかける「ありがとうございます〜」という、店員の声が潤んでいました。

東北の大学の若いイギリス人の准教授の話です。大使館からはすぐに避難せよとの連絡が入りました。日本人の同僚たちも帰ったほうがよいと言います。彼はためらいますが、大使館がさし回した車に乗り、列車の動いていた駅まで行きます。駅のテレビは大災害の模様を次々に映し出していました。そこで彼が見たのは、がれきの中に座った一人のおばあさんの姿でした。なんとそのおばあさんは笑っていたのです。インタビューする人が、なぜこんなときに笑えるのですか、と聞くと、おばあさんの答えはこうでした。「私にはもう何もありません。家も、家族も。今、自分に残されたものはこの笑いだけなのです」。これを見たイギリス人は、とっさに職場に引き返しました。帰ったはずの彼の顔を見て驚く同僚たちから「ばかやろー！」という声が飛んできました。そして彼らは抱き合って泣いたのです。

援助の仕方にもいろいろありました。最もすばらしかったのはアラビア半島のオマーン王国の取った方法です。被災地の企業へ浄水器七百台余りの注文を出したのです。この発注に驚いた企業は、急遽《きゅうきょ》社員たちを集め、工場の再建に取りかかり、一気に活気を取り戻しました。しかしこんな大量生産ができるだろうか、と工場長は悩みました。そのときこのオマーンの王室企業はこう告げたのです。「できたときに納めてくれればいいのです。そして最初にできた製品は被災者の皆さんで使ってください」。

この大災害は、傲慢《ごうまん》になった人類に与えられた、大自然の試練なのかもしれません。マハトマ・ガンディーが挙げた現代人の「七つの社会的大罪」とは、なんだったでしょうか。――「理念なき政治」「労働なき富」「良心なき快楽」「道徳なき商業」「人間性なき科学」「人格なき教育」「犠牲なき宗教」です。

これらの近代社会の大罪が、今、地上に充満しており、その延長線上に何十年後の子孫たちにも放射能の恐怖を残す、倫理なきエネルギー政策も生み出されたのではないか、と問わねばなりません。

およそ欲望から出たすべての行為を正当化する市場原理の論理が地球を覆っています。その中にあって、ガンディーの言う七つの社会的大罪を犯さない文化が、この国では先人によって築かれ、それが人々の心中に生き残っていることを、今回の大災害が示してくれたのではないでしょうか。そして世界の人々の善意と相まって、人間は限界状況にあるとき、美しい姿を見せることを教えてくれたのです。

日本人と通底する何ものかを持つ古代ギリシア人はこう考えていた、と言います。

「世の中に人間ほど美しいものはない。人が真に人であるときは」

まことの人、それは「相互扶助のネットワーク」を知り、生かし生かされるいのちの輝きを見てとることができる人、心底から「おかげさまで」という言葉が唇に上る人なのです。

フランスの作家ポール・クローデルは、大戦中の一九四三年、次のような言葉を残しています。

「滅ぼされてはいけない国民がいる。それは日本人です。彼らは貧しいが、高貴です」

本書の出版にあたっては、公益財団法人モラロジー研究所出版部、とりわけ安江悦子さんにお世話になりました。御礼を申し上げます。

服部英二（はっとり えいじ）
1934年生まれ。京都大学大学院博士課程修了後、フランス政府給費留学生としてソルボンヌ大学博士課程留学。1973年よりユネスコ（国連教育科学文化機関）パリ本部勤務、首席広報官、文化担当特別事業部長等を歴任。1994年帰国、ユネスコ事務局長顧問、麗澤大学及び同大学院教授、日本学術会議〈文明誌〉構築特別委員会委員、日仏教育学会会長、国際比較文明学会副会長等。現在、モラロジー研究所道徳科学研究センター顧問、麗澤大学比較文明文化研究センター客員教授、地球システム・倫理学会会長、日本比較文明学会名誉理事、世界ユネスコクラブ協会連盟名誉会長、筑波大学大学院外部アドバイザー。フランス政府より学術教育功労賞（パルム・アカデミック）オフィシエ位、全国日本学士会より2009年度アカデミア賞を授与。著書に『文明の交差路で考える』（講談社）、*Letters from the Silk Roads*（University Press of America）、『「対話」の文化』（共著、藤原書店）、『出会いの風景』『文明間の対話』『文明は虹の大河』（麗澤大学出版会）、監修に『科学と文化の対話』『文化の多様性と通底の価値』『地球との和解』（同）等。

未来を創る地球倫理
いのちの輝き・こころの世紀へ

平成25年10月10日　初版発行

著　者　服部英二
発　行　公益財団法人 モラロジー研究所
〒277-8654 千葉県柏市光ヶ丘2-1-1
TEL.04-7173-3155（出版部）
http://www.moralogy.jp/
発　売　学校法人 廣池学園事業部
〒277-8686 千葉県柏市光ヶ丘2-1-1
TEL.04-7173-3158
印　刷　シナノ印刷株式会社

ISBN978-4-89639-234-0